KURT LILLICH

Das Doppelstrafverbot bei Kartelldelikten im
deutschen Recht und im Recht der Europäischen Gemeinschaft

Schriften zum Prozessrecht

Band 56

Das Doppelstrafverbot
bei Kartelldelikten im deutschen Recht
und im Recht der Europäischen Gemeinschaft

Von

Dr. Kurt Lillich

DUNCKER & HUMBLOT / BERLIN

D 21

Alle Rechte vorbehalten
© 1978 Duncker & Humblot, Berlin 41
Gedruckt 1978 bei Buchdruckerei Bruno Luck, Berlin 65
Printed in Germany
ISBN 3 428 04113 5

Für Iris und Susanne

Vorwort

Diese Arbeit lag dem Fachbereich Rechtswissenschaft der Universität Tübingen im Wintersemester 1976/77 als Dissertation vor. Die bis zum Sommer 1977 erschienene Literatur wurde nach Möglichkeit berücksichtigt.

Im Hinblick auf diese Arbeit und weiter darüber hinaus gebührt mein besonderer Dank meinem verehrten Lehrer, Herrn Professor Dr. Jürgen Baumann. Die Tätigkeit an seinem Lehrstuhl vermittelte mir vielfältige und wertvolle Anregungen und Erfahrungen.

Herrn Dr. Hartmut Johannes, Brüssel, verdanke ich den Hinweis auf das hier bearbeitete Problem. Herrn Professor Dr. Johannes Broermann danke ich für die Aufnahme dieser Schrift in sein Verlagsprogramm.

Stuttgart, im November 1977

Kurt Lillich

Inhaltsverzeichnis

Einleitung 11

Teil 1

Die „Tat" bei den Ordnungswidrigkeiten des GWB

A. Sanktionen im deutschen Kartellrecht 13
   1. §§ 38, 39 GWB im Gefüge des Wirtschaftsstrafrechts 13
   2. Schutzrichtungen der §§ 38, 39 GWB 14
   3. Gruppen der möglichen Tatbestandsverwirklichungen 14
   4. Prozessuale Behandlung 15

B. Prozeßgegenstand im deutschen Strafrecht 16
   1. Strafrechtsdogmatischer Standort 16
   2. Die Auffassung der herrschenden Meinung 17
   3. Weitere ebenfalls prozessuale Ansichten über den Tatbegriff ... 18
   4. Materiell-rechtliche Theorien 20
   5. Kritik und eigene Auffassung 23

C. Tatidentität im deutschen Kartellstrafrecht 28
   1. Doppelbestrafung ausschließlich nationaler Wettbewerbsverstöße 28
   2. Kollision deutscher und ausländischer Kartellsanktionen 30
   3. Kollision deutscher Kartellsanktionen mit Bußgeldern der EG .. 33

Teil 2

Bisherige Behandlung der Tatidentität im Kartellrecht der Europäischen Gemeinschaft

A. Die Rechtsnatur der Geldbußen nach Art. 15 der VO 17 36

B. Die Tatbestände des Art. 15 VO 17 38
   1. Art. 15 Absatz 1 VO 17 38
   2. Art. 15 Absatz 2 lit. a VO 17 38

C. Doppelbestrafung durch mehrere Rechtsakte der EG 42

    1. Mögliche Kollisionen 42

    2. Die Rechtsprechung des EuGH zur Tatidentität im Disziplinarrecht (Verb. RS 18 und 35/65) 42

    3. Folgerungen aus RS 18 und 35/65 für den Tatbegriff 43

    4. Zusammenfassung 44

D. Doppelbestrafung durch Rechtsakte aus dem EG-Recht und aus einer nationalen Rechtsordnung 45

    1. Mögliche Kollisionen 45

    2. RS 14/68 (Farben-Fall) 47

    3. RS 7/72 (Chinin-Fall) 48

    4. Der „Zweck" und der „geographische Schwerpunkt" einer Handlung bei der Bestimmung der Tatidentität 52

    5. Zusammenfassung 55

Teil 3

Identität der Handlung und Identität der Rechtsgutverletzung als Kriterien der Entscheidung von Kollisionen nationaler Kartellsanktionen mit EG-Geldbußen

A. Handlungsidentität im Kartellstrafrecht 56

B. Identität der Rechtsgutverletzung im Kartellstrafrecht 58

    1. Rechtsgut im allgemeinen Strafrecht 58

    2. Rechtsgüter im Kartellstrafrecht 61

    3. Verhältnis der geschützten Rechtsgüter im deutschen und europäischen Kartellstrafrecht 63

    4. Einheitliche Rechtsgutverletzung im EG-Bereich 66

    5. Auswirkung auf die verschiedenen Kollisionsmöglichkeiten 67

    6. Vergleich der eigenen Ergebnisse mit der deutschen herrschenden Meinung 68

    7. Vergleich der eigenen Ergebnisse mit der Rechtsprechung des EuGH 69

    8. Verfahrensrechtliche Aspekte 71

Schlußbemerkung 74

Literaturverzeichnis 75

Einleitung

Die euphorische Betrachtung, die die europäische Idee vor allem durch den Abschluß der römischen Verträge zur Gründung der EWG erfuhr, mußte in den fast zwei Jahrzehnten, die seither vergangen sind, einer Realität weichen, die den ursprünglichen Erwartungen von einem raschen Zusammenwachsen Europas nur in sehr bescheidenem Umfang gerecht werden konnte. Von einer umfassenden, vor allem von einer politischen Vereinigung ist die inzwischen auf neun Mitgliedstaaten angewachsene Gemeinschaft noch weit entfernt. Zu einem Zeitpunkt, in dem innerhalb der Gemeinschaft immer stärker nationalstaatliche Bestrebungen spürbar werden, kann nicht abgesehen werden, ob die Idealvorstellung von einem geeinten Europa überhaupt jemals verwirklicht werden kann.

Nur auf wenigen, naturgemäß vorwiegend wirtschaftlichen Gebieten besitzt die Gemeinschaft bisher Regelungen, die einzelne Sachbereiche in der gesamten Gemeinschaft einheitlich erfassen und nach gemeinschaftsrechtlichen Grundsätzen ordnen. Das Kartellrecht, soweit der Handel zwischen den Mitgliedstaaten betroffen ist, unterliegt bereits einer solchen europarechtlichen Ordnung, deren praktische Bedeutung ständig wächst.

Auf dem Gebiet des Strafrechts gibt es nur wenige Ansätze zur Integration (z. B. Art. 6 der zusätzlichen Verfahrensordnung des EuGH), in der Praxis sind sie fast ohne Bedeutung. Als Annex der europäischen Wettbewerbsordnung erfuhr in der Gestalt der Bußgeldtatbestände für Wettbewerbsverstöße ein kleiner strafrechtlicher Bereich eine gemeinschaftsrechtliche Regelung. Dabei ist noch die Besonderheit zu beachten, daß diese Sanktionen kraft ausdrücklicher Regelung (Art. 15 IV VO 17) „nicht strafrechtlicher Art" sind. Ihre Natur als hoheitliche, repressive Sanktion verlangt aber jedenfalls die Anwendung strafrechtlicher Grundsätze im Hinblick auf den Schutz des Betroffenen.

Die neben der gemeinschaftlichen Regelung weiter bestehenden nationalen Wettbewerbsordnungen mit ihren Sanktionen eröffnen die Möglichkeit, daß derselbe Sachverhalt sowohl nach einer nationalen wie auch nach der gemeinschaftlichen Rechtsordnung verfolgt und bestraft wird. Die folgende Darstellung will die Behandlung dieses Problems im deutschen und im EG-Recht untersuchen und einen Ansatz für die problemgerechte Lösung aufzeigen.

Dabei werden in zwei unabhängigen Teilen die Tatbestände der Wettbewerbsverstöße und die Vorkehrungen zur Vermeidung von Doppelbestrafungen im Recht der Bundesrepublik Deutschland und im Recht der Gemeinschaft behandelt. Die für das deutsche Recht vorgeschlagene Lösung, die von der dort herrschenden Auffassung abweicht, wird in einem dritten Teil auf den Fall der Kollision von gemeinschaftlicher und mitgliedsstaatlicher Sanktion übertragen. Wegen der materiellrechtlichen Anknüpfung der eigenen Ansicht ist dabei ein Eingehen auf die Schutzgüter der Wettbewerbsordnungen erforderlich. Ein kurzer verfahrensrechtlicher Ausblick schließt die Arbeit ab.

Teil 1

Die „Tat" bei den Ordnungswidrigkeiten des GWB

A. Sanktionen im deutschen Kartellrecht

1. §§ 38, 39 GWB im Gefüge des Wirtschaftsstrafrechts

Als repressive Sanktionen für wettbewerbsbeschränkendes Verhalten sieht das deutsche Kartellrecht die in §§ 38, 39 GWB normierten Ordnungswidrigkeiten vor. Ein Kartell„straf"recht im Sinne klassischen Kriminalstrafrechts gibt es daher in der deutschen Rechtsordnung nicht[1]. Dies erscheint deshalb erstaunlich, weil der deutsche Gesetzgeber in anderen, ebenfalls neueren Bereichen des Wirtschaftsstrafrechts durchaus nicht auf die Schaffung von Straftatbeständen im engeren Sinn verzichtet hat. So werden die Verstöße gegen die Regeln des lauteren Wettbewerbs zu einem beachtlichen Teil als Vergehen geahndet[2]. Eine sachliche Rechtfertigung dafür, daß die Anwendung einzelner unlauterer Praktiken kriminell sein soll, die Einschränkung oder gänzliche Unterbindung des Wettbewerbs jedoch lediglich mit dem stumpferen Schwert der Ordnungswidrigkeit bewehrt zu werden braucht, ist nicht ersichtlich. Der logische Vorrang des Schutzes des freien Wettbewerbs vor dem Schutz seiner Lauterkeit müßte eher eine entgegengesetzte strafrechtliche Bewertung nahelegen[3]. Der Grund für diesen Widerspruch wird zu Recht bei den „Großen" in der Wirtschaft gesucht, die auf das Gesetzgebungsverfahren Einfluß genommen haben, weil sie an unpersönlicheren und weniger ehrenrührigen Sanktionen im Bereich des Kartellrechts interessiert sind[4].

---

[1] Das GWB enthielt in § 47 (Verletzung der Schweigepflicht durch Angehörige der Kartellbehörden) auch einen echten Straftatbestand. Als echtes Amtsdelikt richtete sich § 47 nur gegen die Bediensteten der Kartellbehörden. Mit Wirkung vom 1.1.75 wurde § 47 GWB aufgehoben. (Art. 287 Nr. 40 Einf.G. z. STGB vom 2.3.74, BGBl. I S. 469).

[2] §§ 4, 12, 15, 17 UWG, s. auch § 1 WiStG und §§ 302 a—f StGB.

[3] *Baumann*, Einführung S. 296; *Bolenius* Straftaten, S. 68 und in *Baumann / Dähn* (Hrsg.) Studien zum Wirtschaftsstrafrecht, S. 40; *Dähn*, Das neugefaßte Wirtschaftsstrafgesetz, in JZ 1975, S. 618.

[4] *Baumann, Einführung* S. 296; zu diesem „Geburtsfehler" des GWB ausführlich *Baumann / Arzt* ZHR Bd. 134 (1970), S. 24 ff. A. A. *Bolenius* S. 78 f.

14   Teil 1: Die „Tat" bei den Ordnungswidrigkeiten des GWB

2. *Schutzrichtungen der §§ 38, 39 GWB*

Die Reihe der in §§ 38, 39 GWB enthaltenen Tatbestände erfaßt eine Vielzahl von Verhaltensweisen, die in bezug auf ihre Angriffsrichtung und ihre Auswirkungen auf den freien Wettbewerb sehr unterschiedlich sind.

a) In § 38 I Ziff. 1, 3, 8[5], 9—12 GWB werden die einzelnen Formen wettbewerbsbeschränkender Betätigung unmittelbar erfaßt. Ein entsprechendes Verhalten ergibt hier eo ipso die Sanktionsmöglichkeit, eines vorhergehenden Aktes der Kartellbehörden bedarf es nicht.

b) In den Fällen des § 38 I Ziff. 2, 4, 5, 6 und 8[6] GWB kommt als weitere Tatbestandsvoraussetzung hinzu, daß das wettbewerbsfeindliche Verhalten bereits durch einen Akt des Kartellamtes incriminiert wurde. Die Tatbestandserfüllung richtet sich dann nicht mehr allein gegen den freien Wettbewerb, sondern auch gegen einen Hoheitsakt des Kartellamts. Dabei ist es gleichgültig, ob die Entscheidung des Kartellamtes materiell-rechtlich richtig war, denn es kommt lediglich auf ihre Unanfechtbarkeit an.

c) § 38 I Ziff. 7 und die Fälle des § 39 GWB sind Sanktionen für ein Fehlverhalten gegenüber der Kartellbehörde im Zusammenhang mit Anmeldungen und Prüfungen.

Mit diesen Tatbeständen soll das Kartellamt davor geschützt werden, aufgrund unrichtiger Angaben bei seinen Entscheidungen von falschen Voraussetzungen auszugehen. Es ist jedoch nicht erforderlich, daß die Behörde der Täuschung unterliegt; Tatbestandsverwirklichung ist schon mit Zugang der unrichtigen oder unvollständigen Angabe beim Kartellamt gegeben.

Die Einreihung des § 38 I Ziff. 7 GWB in den schwereren Tatbestand (Höchstmaß des Bußgeldes DM 100 000 bzw. dreifacher Mehrerlös in § 38 gegenüber DM 50 000 in § 39) rechtfertigt sich dadurch, daß hier als zusätzliches Tatbestandserfordernis Täuschungs*absicht* gegenüber dem Kartellamt gegeben sein muß.

3. *Gruppen der möglichen Tatbestandsverwirklichungen*

Im Hinblick auf die eingangs gestellte Frage nach der „Tat", also danach, was durch die Verhängung eines Bußgeldes erfaßt und erledigt ist, erscheint es angezeigt, etwas näher auf die Tathandlungen einzugehen. Unter diesem Gesichtspunkt zeichnen sich innerhalb der zahlreichen Tatbestände 3 Gruppen ab:

---

[5] Hinsichtlich der Verbote der §§ 24 a IV, 25 u. 26 GWB.
[6] Hinsichtlich des Verbots des § 24 II S. 4 GWB.

a) Erst *das den Wettbewerb beeinträchtigende Verhalten* selbst bewirkt die Tatbestandserfüllung. Dies trifft auf § 38 I Ziff. 1, 2, 4—8[7] GWB zu. Hierunter fällt z. B. der Verkauf zu den im Kartell vereinbarten Preisen und Bedingungen, die Beachtung der aufgeteilten Bereiche (§ 38 I Ziff. 1 und 2), aber auch das Verhalten entsprechend einem gentlemen's agreement (§ 38 I Ziff. 8 i. V. m. § 25 I). Für den in der Praxis besonders wichtigen Fall des § 38 I Ziff. 1 bedeutet dies, daß nicht schon im Zustandekommen des Vertrages oder Beschlusses die Tatbestandserfüllung liegt, sondern erst in dessen Ausführung[8]. Dabei ist jedoch der Begriff der Ausführung weit zu fassen; sich hinwegsetzen ist z. B. auch anzunehmen, wenn an das Kartell Schadensersatz für die Nichteinhaltung der — nach den Vorschriften des GWB unwirksamen — Vereinbarungen geleistet wird[9].

b) Schon durch *Empfehlungen an Dritte* werden die Tatbestände des § 38 I Ziff. 10—12 GWB verwirklicht. In den Begriffen des Strafrechts: Beihilfe und Anstiftung zu wettbewerbswidrigem Verhalten, im Falle der Ziff. 11 sogar die versuchte Anstiftung sind zur selbständigen Täterschaft erhoben.

Tatbestandsverwirklichende Handlung ist jeweils eine ausdrückliche oder konkludente Erklärung, die dem Erklärungsempfänger ein bestimmtes Verhalten als für ihn vorteilhaft nahelegt. Typische Begehungsweisen sind die Ausgabe von Bruttopreislisten, Offenlegung der eigenen Kalkulation, Informationen über die Preise anderer Wettbewerbsteilnehmer usw., verlautbart mit der Tendenz, den Empfänger zu entsprechendem Verhalten zu bewegen.

c) Die dritte Gruppe betrifft das *Verhalten gegenüber der Kartellbehörde* (§§ 38 I Ziff. 7; 39 I Ziff. 1—3 GWB)[10]. Tatbestandserfüllung liegt hier in einer falschen, unvollständigen, nicht fristgerechten oder unterlassenen Erklärung. Hinzu kommt die Weigerung, Prüfungen zu dulden (§ 39 I Ziff. 1 a. E.).

4. Prozessuale Behandlung

Für die Bußgeldverfahren im deutschen Kartellrecht gelten neben den Zuständigkeitsregelungen in §§ 81 ff. GWB die allgemeinen Regelungen des OWiG und — soweit solche fehlen — sinngemäß die Vorschriften der „allgemeinen Gesetze über das Strafverfahren", §§ 46 I, 71 OWiG.

---

[7] Bei den Verboten der §§ 25 II und 26 wird die Tatbestandserfüllung durch die Merkmale „androhen" und „versprechen" bzw. „auffordern" in den Versuchsbereich vorverlegt.
[8] *Rasch / Westrick* § 38 GWB Rdn. 3; FK § 38 Tz. 13.
[9] *Mayer / Wegelin* in GK § 38 Rdn. 10; FK § 38 Tz. 13.
[10] Vgl. oben A 2 c.

Eine Normierung des Gegenstandes des Bußgeldverfahrens wird vom OwiG nicht vorgenommen. § 84 OwiG regelt lediglich das Verhältnis der Rechtskraftwirkung der verschiedenen Entscheidungen im Bußgeldverfahren untereinander und in bezug auf eine Verfolgung als Straftat. Zur Umschreibung dessen, was von der Rechtskraftwirkung erfaßt wird, wird auch in § 84 OwiG der Begriff „*Tat*" verwandt und damit inhaltlich auf Art. 103 II GG und §§ 155 I, 264 I StPO zurückgegangen. Daher und gemäß der Generalverweisung ist zur Feststellung dessen, was Prozeßgegenstand und damit Anknüpfungspunkt für die Sperrwirkung der Rechtskraft ist, auf den Prozeßgegenstand im Strafrecht zurückzugreifen[11].

B. Prozeßgegenstand im deutschen Strafrecht

Zur Feststellung des Umfangs der Erledigungswirkung, die einem Bußgeldverfahren nach §§ 38, 81 ff. GWB zukommt, ist es daher erforderlich, auf den Inhalt des Tatbegriffs im deutschen Strafprozeß einzugehen. Die Diskussion darüber ist älter als das geltende Recht und bis heute nie ganz verstummt[12].

Eine diesen Problemkreis auch nur annähernd ausschöpfende Behandlung kann im Rahmen dieser Arbeit nicht geleistet werden. Die im folgenden gegebene Darstellung beschränkt sich deshalb auf wenige herausragende Merkmale der wichtigsten Auffassungen. Ebenso sollen in einer Stellungnahme dazu nur einzelne Punkte soweit herausgegriffen werden, als dies für die Untersuchung des Verhältnisses zum Kartellstrafverfahren der EG notwendig erscheint.

1. *Strafrechtsdogmatischer Standort*

Die Bestimmung des Umfangs der Rechtskraft, d. h. die Feststellung, wie weit die Sperrwirkung eines rechtskräftigen Urteils reicht und wann ein schon ergangenes Urteil einem weiteren Verfahren nicht im Wege steht, ist zu treffen zwischen den hier widerstreitenden Prinzipien der Rechtssicherheit und der materiellen Gerechtigkeit. Letztere verlangt die Bestrafung des Täters nach der von ihm verwirklichten Strafnorm, auch wenn dies in einem vorausgegangenen Verfahren — aus welchen Gründen auch immer — nicht gelungen ist. Die Rechtssicherheit dagegen fordert von der Rechtsordnung im Interesse des Rechtsfriedens sowohl unter den Rechtsgenossen als auch zwischen dem einzelnen Bürger und dem Staat eine einmalige und endgültige Entscheidung über das Verhalten des Beschuldigten. Die Entscheidung ist daher

---

[11] Vgl. hierzu *Moliere* S. 42, BGH St. 25, 57.
[12] Vgl. die ausgezeichnete Übersicht über die ältere Literatur bei *Schwinge* ZStW Bd. 52, S. 202 ff. sowie die weitere in diesem Abschnitt genannte Lit.

B. Prozeßgegenstand im deutschen Strafrecht

im Spannungsfeld zwischen Rechtssicherheit und materieller Gerechtigkeit des Einzelfalls zu suchen[13]. Über das Verhältnis, in dem sich die beiden Grundsätze dabei durchsetzen sollen, besteht keine Einigkeit.

2. Die Auffassung der herrschenden Meinung

Gegenstand von Verfahren und Urteil ist gem. §§ 155 I, 264 I StPO „*die Tat*". Darunter versteht die Rechtssprechung ganz einhellig und die in der Literatur überwiegende Ansicht das Verhalten des Angeklagten, das nach natürlicher Lebensauffassung mit dem in Anklage und Eröffnungsbeschluß bezeichneten Verhalten einen *einheitlichen Lebensvorgang* bildet[14]. Da es sich dabei um einen vom materiellen Strafrecht unabhängigen, ausschließlich prozessualen Begriff handeln soll[15], ist es für die h. M. ohne Bedeutung, ob die in Wirklichkeit für die Strafbarkeit relevanten Fakten in der Anklage erwähnt oder vom Gericht im Laufe der Verhandlung untersucht werden. Entscheidend für ihre Zugehörigkeit zum Gegenstand des Verfahrens ist allein ihr Zusammenhang mit dem vom Gericht untersuchten Wirklichkeitsausschnitt[16]. Erst recht ist es nach dieser Auffassung ohne Belang, ob die Staatsanwaltschaft in der Anklage oder das Gericht im Urteil das Geschehen im Hinblick auf die richtigen Straftatbestände geprüft haben[17].

Für die h. M. gehört demnach alles zu der vom Gericht abgeurteilten Tat, was mit dem tatsächlich beurteilten Verhalten einen „Lebenssachverhalt", ein „einheitliches historisches Ereignis" bildet, auch wenn das Gericht die — objektiv betrachtet — richtigen Tatsachen gar nicht gesehen oder falsch gedeutet hat oder wenn es aus einem zutreffenden Tatsachenbild falsche rechtliche Schlüsse gezogen hat[18]. Zur Feststellung der Tatidentität und damit für die Sperrwirkung bzgl. weiterer Verfahren reicht es aus, wenn das Gericht theoretisch die Möglichkeit gehabt hat, das richtige Strafgesetz anzuwenden oder — für den Fall, daß seine sachliche Zuständigkeit nicht ausgereicht hätte — wenn es die Sache an das kompetente Gericht hätte verweisen können.

---

[13] *Oehler*, Festschr. f. Rosenfeld, 1949, S. 158; *Peters*, Strafprozeß S. 437.

[14] *Kern / Roxin* § 51 II 2; *Kleinknecht* § 264 Anm. 1 A; *Löwe / Rosenberg / Gollwitzer* § 264 Anm. 2; *Eb. Schmidt* LK I Rdn. 296; *G. Schmidt* JZ 1966, S. 90 f.

[15] *Jescheck* § 66, vor I; *Kleinknecht* § 264 Anm. 1 A; *Eb. Schmidt* LK I Rdn. 295.

[16] *Kleinknecht* § 264 Anm. 1 A; *Eb. Schmidt* LK I, Rdn. 298 f.; RGSt 62, 117; BGHSt. 13, 21.

[17] *Kleinknecht* § 264 Anm. 2; *Eb. Schmidt* LK I Rdn. 296 f.

[18] Vgl. hierzu den in RGSt 70, 30 obiter dictum behandelten und zum Schulbeispiel gewordenen Fall: Verurteilung wegen Schießens an bewohntem Ort (Übertretung gem. § 367 I Ziff. 8 StGB a. F.); spätere Aufklärung ergibt, daß der Schuß als Mord oder Mordversuch zu qualifizieren ist. Hier nimmt das RG konsequenterweise Tatidentität an.

Die h. M. nimmt also durch ihren weiten Tatbegriff im Interesse der Rechtssicherheit bedeutende Einschränkungen der materiellen Gerechtigkeit in Kauf. Zur Verdeutlichung braucht nicht nur auf das viel besprochene und recht theoretische Beispiel des RG vom verkannten Mord[19] verwiesen werden. Nicht selten sind nämlich die Fälle, in denen das Opfer nach der Verurteilung z. B. aus §§ 223, 230 StGB infolge der Verletzung stirbt. Für die h. M. hängt es in diesen Fällen von dem — zufälligen — Termin der Entscheidung ab, inwieweit das Prinzip der materiellen Gerechtigkeit verwirklicht wird.

3. Weitere ebenfalls prozessuale Ansichten über den Tatbegriff

Gerade diese mögliche Einbuße an materieller Gerechtigkeit ist für *Baumann, Henkel, Hruschka, Peters* und *Roxin* der Ansatzpunkt ihrer Kritik an der h. M.

a) Baumann[20] verlangt für die Identität der Tat über den einheitlichen Lebenssachverhalt hinaus noch eine „im Prinzip gleichartige Rechtsfolgebehauptung"[21]. Gegenüber der h. M ergibt sich daraus eine Einengung des Tatbegriffs in den Fällen, in denen „krasse Unterschiede in der rechtlichen Bewertung" desselben Lebenssachverhaltes auftreten[22]: Lebenslange Freiheitsstrafe (bei Mord) und eine Geldbuße (bei einer Ordnungswidrigkeit) oder eine Geldstrafe (bei einem Vergehen) sind nicht gleichartige Rechtsfolgebehauptungen. In dem Fall RG St 70, 30 bewirkt dann der erhebliche Unterschied in der behaupteten Straffolge, daß die Sperrkraft der rechtskräftigen Entscheidung wegen des Bagatelldelikts nicht einer erneuten Verurteilung wegen Mordes entgegensteht.

b) Eine wesentliche Beschränkung erfährt der Tatbegriff der h. M. bei Henkel[23] dadurch, daß zur Tat nicht alles gehören soll, was abstrakthypothetisch vom Gericht hätte abgeurteilt werden können, sondern lediglich der Wirklichkeitsausschnitt erledigt ist, der vom Gericht bei Anwendung der ihm obliegenden Kognitionspflicht tatsächlich erkannt werden konnte. Durch die erste Entscheidung nicht erledigt sind demnach Tatsachen, die trotz „sorgfältiger Erfüllung der Wahrheitserforschungspflicht"[24] im Prozeß nicht zur Sprache kamen und folgerichtig auch die Umstände, die erst nach der Verurteilung entstanden sind[25].

---

[19] RGSt 70, 30. Vgl. hierzu oben Fn. 18.
[20] *Baumann* in ZZP 1956, S. 356 ff. und Grundbegriffe StPO, S. 114 ff.
[21] *Baumann*, Grundbegriffe StPO, S. 121.
[22] *Baumann*, Grundbegriffe StPO, S. 117.
[23] *Henkel* S. 387 ff.
[24] *Henkel* S. 389.
[25] Damit wäre in den oben 2. a. E. genannten Fällen eine Berücksichtigung des nachträglich eingetretenen Todes in einem weiteren Verfahren möglich. Dies soll durch eine „Ergänzungsklage" eingeleitet werden, *Henkel* S. 390.

c) Henkel engt den Tatbegriff der h. M. jedoch noch von einer zweiten Seite her ein. Die vom RG gezogene und weithin als unbefriedigend empfundene Konsequenz im Fall der zunächst nicht erkannten Tötung soll dadurch vermieden werden, daß der objektiven Feststellung des historischen Ereignisses eine wertende Betrachtung darüber angeschlossen wird, ob der bereits rechtskräftig beschiedene Vorgang denselben „Unrechtsgehalt" betrifft wie der später zu beurteilende[26]. Der deutlich verschiedene Unrechtsgehalt von verbotenem Schießen und vorsätzlicher Tötung oder von der Nichtanzeige einer Kindestötung und der Anstiftung dazu führt dann trotz identischen historischen Geschehens zur Verneinung der Tatidentität.

Deutlicher findet sich dieser Gedanke bei Hruschka[27]. Er stellt fest, daß das Kriterium des einheitlichen historischen Lebenssachverhaltes für sich allein deshalb unbrauchbar ist, weil sich im Hinblick auf jeden Menschen und jede Situation eine unendliche Zahl von Kausalitätsketten überlagern, ohne daß objektiv gesagt werden könnte, welche davon eine strafrichterlich zu untersuchende Einheit bilden und welche von ihr unabhängig sind.

Das die Einheit bildende Moment ist nach Hruschka der *rechtliche Kern* eines Geschehensablaufs[28]. Hruschka erkennt auch, daß damit bereits der Boden eines rein prozessualen Tatbegriffs in Richtung auf eine materielle Bestimmung der Tat verlassen wird[29]. Dies wird vor allem daran offenbar, daß bei Zweifeln über die Identität des „rechtlichen Kerns" die bei der Wahlfeststellung verwandten Kriterien — rechtsethische und psychologische Vergleichbarkeit — entscheiden sollen.

d) Ebenfalls vom tatsächlichen Geschehen ausgehend verwendet Peters[30] zur Feststellung des Umfangs der Rechtskraft[31] die „Richtung des Tätigkeitsaktes"[32] als bestimmendes Kriterium. Danach ist für die Beurteilung der Sperrwirkung der Handlungsablauf „Abgabe des Schusses" jeweils eine andere Tat, wenn als Zielrichtung dieses Handelns

---

So auch *Kern / Roxin* § 51 II 4 b und *Bruns* JZ 1960, S. 589. Ebenso auch schon *Nagler* ZAkfDR 1939, S. 371 ff., 401 ff. allerdings mit einer wenig wissenschaftlichen und stark nationalsozialistisch beeinflußten Begründung.

[26] *Henkel* S. 387. Ähnlich *Barthel*, Der Begriff der Tat im Strafprozeßrecht, S. 93 ff.

[27] *Hruschka*, Der Begriff der „Tat" im Strafverfahren, JZ 1966, S. 700 ff. Ebenso *Barthel* S. 88.

[28] *Hruschka* S. 702 f.

[29] *Hruschka* S. 702 f.

[30] *Peters* S. 437 ff.

[31] *Peters* S. 243 f., 437 geht entgegen der h. M. von der Möglichkeit aus, daß der Begriff „Tat" verschiedene Inhalte hat, je nachdem ob er zur Bestimmung der Rechtshängigkeit oder der Rechtskraft verwandt wird.

[32] *Peters* S. 439 f.

Schießen in die Luft oder Erlegen eines Hasen oder Töten eines Menschen untersucht wird. Dabei wird die Richtung des Tätigkeitsaktes lediglich im objektiven Bezug der Handlung zum Erfolg gesehen, die in der Person des Täters liegenden Beziehungen zwischen Handlung und Erfolg, insbesondere Vorsatz oder Fahrlässigkeit, bleiben für die Identität der Tat außer Betracht[33].

Auch dieser Tatbegriff ist — im Gegensatz zu seinem Anspruch — nicht rein prozessualer Natur, denn die Bestimmung der Richtung des Tätigkeitsaktes erfolgt vom vermeintlich beeinträchtigten Rechtsgut her. Im Beispiel der Schußabgabe fällt die Entscheidung über die Tatidentität letztlich doch dadurch, daß durch das Schießen einmal das Publikum gefährdet oder belästigt, einmal fremdes Aneignungsrecht oder Eigentum verletzt und im letzten Fall menschliches Leben zerstört werden könnte.

4. Materiell-rechtliche Theorien

Die von der h. M. und den ihr nahestehenden Auffassungen behauptete Unabhängigkeit des Tatbegriffs von Kriterien des materiellen Strafrechts ist in der Literatur nicht unbestritten[34]. Die Vertreter dieser Mindermeinungen gehen davon aus, daß die „Tat" i. S. v. §§ 155, 264 StPO als juristischer Begriff nicht durch eine rein faktische Betrachtungsweise zu bestimmen sei, sondern daß die Tat nur durch den „zwischen Rechtsnorm und Lebenssachverhalt hin- und herwandernden Blick"[35] erfaßt werden könne. Bei der Entscheidung über die Tatidentität können dann auch materiell-rechtliche Gesichtspunkte zu Hilfe genommen werden. Als solche kommen die *Tathandlung* und die *Rechtsgutverletzung* in Betracht.

a) Handlungstheorien

In neuerer Zeit wird die Bestimmung der „Tat" mittels einer zumindest teilweisen Deckung der Ausführungshandlung von *Schwinge*[36], *Oehler*[37] und *Herzberg*[38] vertreten. Tatidentität ist nach diesen Ansich-

---

[33] Für das Schulbeispiel aus RGSt 70, 30 ergibt sich daher, daß die Verurteilung wegen verbotenen Schießens die erneute Untersuchung wegen der Tötung nicht hindert: Der zunächst untersuchte Tätigkeitsakt hatte lediglich die Richtung „Schußabgabe an verbotenem Ort". Umgekehrt würde aber ein Freispruch vom Tötungsvorwurf diesen Tätigkeitsakt mit erledigen, da er notwendig in dem weiteren Tätigkeitsakt „Schußabgabe zur Tötung" enthalten ist.
[34] *Barthel,* S. 86 ff.; *Herzberg* in JuS 1972, S. 113 ff.; *Oehler* in Festschr. f. Rosenfeld, S. 148; *Schwinge* in ZStW 52, S. 220.
[35] *Herzberg* S. 118.
[36] *Schwinge* ZStW Bd. 52, S. 202 ff. und Dt. Justiz 1941, S. 1063 ff. Vgl. auch unten 4 c.
[37] *Oehler,* Festschr. f. Rosenfeld, S. 139 ff.
[38] *Herzberg* JuS 1972, S. 113 ff.

ten gegeben, wenn die Tatbestandsverwirklichungen in den beiden betrachteten Komplexen wenigstens einen identischen Teilakt aufweisen. Demzufolge liegt nicht dieselbe Tat vor z. B. bei einer Kindstötung nach einem Abtreibungsversuch, der zur vorzeitigen Geburt geführt hatte[39], bei Diebstahl und Hehlerei der Beute, § 138 StGB und Anstiftung zu dem nicht angezeigten Verbrechen[40].

Bei sich ändernder Beurteilung der Beteiligung differenziert die Handlungstheorie: Ändert sich die Beurteilung lediglich dadurch, daß eine andere Willensrichtung eines Beteiligten offenbar wird (der als Tip-Geber = Anstifter betrachtete Beteiligte entpuppt sich als „ständiges" Mitglied der Einbrecherbande), so soll es sich um dieselbe Tat handeln: Die nämliche Verhaltensweise erfährt lediglich eine andere rechtliche Würdigung. Stellt sich jedoch heraus, daß der vermeintliche Gehilfe nicht Einbruchswerkzeug geliefert hatte, sondern bei der Wegnahme selbst Hand angelegt hatte, so soll — mangels einer überschneidenden Ausführungshandlung — keine Tatidentität gegeben sein[41].

Unterschiedlich behandeln die Vertreter der Handlungslehre das fortgesetzte Delikt. Oehler und Schwinge gehen auch hier konsequent von der materiell-rechtlichen Handlungseinheit zur Bestimmung der Tatidentität aus. Sie kommen daher jedenfalls immer dann zum Verbrauch der Strafklage, wenn mindestens wegen zweier Teilakte verurteilt worden war, gleichgültig wieviele Teilakte später noch bekannt werden[42].

Anders Herzberg, der beim Fortsetzungszusammenhang nicht auf die „fingierte Handlungseinheit" der Teilakte abstellt, sondern auf deren tatbestandsmäßige Selbständigkeit. Daher tritt nach dieser Ansicht ein Verbrauch der Strafklage nur hinsichtlich der bekannten und vom Gericht tatsächlich beurteilten Einzelakte ein[43].

b) Theorie der Rechtsgutverletzung

Zu dem engsten Begriff der Tat kommt die in jüngster Zeit wieder von *Bertel*[44] vertretene Theorie der Rechtsgutverletzung[45].

Die Einheit der Tat wird von dieser Ansicht durch Identität des *verletzten Rechtsgutes* und durch die Identität der *Verletzungshandlung* bestimmt.

---

[39] Fall aus BGHSt 13, 21.
[40] u. [41] *Herzberg* S. 119.
[42] *Oehler* S. 156; *Schwinge* ZStW Bd. 52, S. 234.
[43] *Herzberg* S. 118.
[44] *Bertel*, Die Identität der Tat, S. 134 ff.
[45] *Barthel*, Der Begriff der Tat im Strafprozeßrecht, stützt sich letztlich auch auf das Rechtsgut. Zwar ist nach seiner Ansicht der äußere Erfolg „in seinem annähernd gleichbleibenden oder vergleichbaren Unrechtsgehalt" das Kriterium zur Feststellung der Tatidentität. Zur Bestimmung des Unrechts-

Welchen Umfang der Tatbegriff hier erhält, hängt demnach zunächst davon ab, wieweit man bereit ist, bei der Frage nach dem in einem Straftatbestand geschützten Rechtsgut zu differenzieren[46]. Betrifft der von der Anklage als Mordversuch, vom Gericht als Körperverletzung qualifizierte Angriff dasselbe Rechtsgut? Schützen § 263 StGB und § 266 StGB dasselbe Rechtsgut? Wie ist die Frage hinsichtlich des Verhältnisses von § 263 StGB zu Konkursdelikten, z. B. §§ 241, 242 KO zu entscheiden[47]?

Ein Blick auf die Tatbestände des Besonderen Teils ergibt, daß häufig dieselben Rechtsgüter sowohl in allgemeiner als auch in ganz spezieller Ausprägung geschützt werden. Deshalb und wegen der häufig vorkommenden mehrfachen Schutzrichtung einer Strafnorm läßt die Theorie der Rechtsgutverletzung eine Teilüberdeckung der beeinträchtigten Rechtsgüter zur Bewirkung der Tatidentität genügen[48].

Die teilweise Übereinstimmung des Rechtsgutes allein kann jedoch zur Individualisierung einer Tat nicht ausreichen, denn auf jedes Rechtsgut ist eine beliebige Anzahl von Angriffen denkbar. Die notwendige Eingrenzung auf einen — tatsächlichen oder vermeintlichen — Angriff erfolgt mit Hilfe des materiell-rechtlichen Handlungsbegriffs[49]. Eadem res ist daher nach dieser Meinung alles, was durch *eine Handlung* (einschließlich der sog. „natürlichen Handlungseinheit"[50]) *ein* bestimmtes *Rechtsgut* beeinträchtigt.

Die bemerkenswerteste Konsequenz hieraus ist, daß für die Theorie der Rechtsgutverletzung in Idealkonkurrenz stehende Tatbestandsverwirklichung immer dann verschiedene Taten sind, wenn ein und dieselbe Handlung mehrere, von einander unabhängige strafrechtlich geschützte Rechtsgüter verletzt[51].

c) Die gemischte Theorie

Die Auffassung von *Schwinge*[52] stellt eine Verbindung von Elementen der beiden oben a) und b) beschriebenen Theorien dar. Ausgehend von der Handlungstheorie benützt er als zweites Kriterium die „Identität des Unrechtsgehaltes". Beide Taten müssen sich „... gegen das gleiche

---

gehalts soll jedoch auf die nach dem „maßgebenden Rechtsgut" eingeteilten Deliktsgruppen zurückgegriffen werden. Dabei soll jedoch eine „im Tatbild oder im Erfolg zum Ausdruck kommende Verwandtschaft der verletzten oder gefährdeten Rechtsgüter ausreichen (S. 93 f.).

[46] *Bertel* S. 138 f.
[47] Vgl. hierzu die Beispiele bei *Bertel* S. 142 ff.
[48] *Bertel* S. 153; a. A. *Barthel* S. 107.
[49] *Bertel* S. 142, 172 f.
[50] *Bertel* S. 138 f.
[51] *Bertel* S. 172: Mehrheit von Subsumptionen = Mehrheit von Taten.
[52] *Schwinge* ZStW Bd. 52, S. 202 ff. und Dt. Justiz 1941, S. 1063 ff.

Schutz- und Handlungsobjekt richten"[53]. Während er zunächst (1932)[54] noch so verstanden werden kann, als sei das zweite Kriterium imstande, alternativ zu derselben Handlung für sich allein Tatidentität herzustellen, so wird jedoch später (1941)[55] durch die Formel: „Identität der Tat = Identität der Handlung + Identität des Erfolges" klar, daß nach seiner Meinung beide Elemente zusammen die „Tat" des Strafprozesses festlegen[56].

5. Kritik und eigene Auffassung

a) Die Unbestimmtheit des Tatbegriffs der h. M.

Der Kritik an der h. M., die insbesondere an der fehlenden Schärfe des „einheitlichen historischen Ereignisses" als Abgrenzungskriterium ansetzt[57], muß beigetreten werden. Durch diese vage Begriffsbildung erfolgt nur eine scheinbare Festlegung. Dies wird teilweise auch schon bei der Anwendung dieser Lehre empfunden, wenn die Möglichkeit einer allgemeinen Bestimmung des Tatbegriffs geleugnet wird[58] und dadurch in den Grenzfällen eine nach unkontrollierbaren Maßstäben getroffene Entscheidung im Einzelfall zugelassen wird.

Ein deutliches Beispiel hierfür bietet der Vergleich von BGHSt 10, 291 und BGHSt 13, 21. Es handelt sich jeweils um Kindstötungen, die im Anschluß an Abtreibungsversuche vorgenommen wurden. In dem Fall BGHSt 10, 291 konnte nicht geklärt werden, ob das Kind — wie die Täter geglaubt hatten — überhaupt gelebt hatte. Der BGH will hier die Wahlfeststellung zwischen Abtreibung und Totschlag in Idealkonkurrenz einerseits und Abtreibung und versuchtem Totschlag in Realkonkurrenz andererseits zulassen.

Daran, daß die zweite Alternative nur *eine* Tat im Sinn von §§ 155, 264 StPO ist, kann es nach der h. M. keinen Zweifel geben. Der Übergang von Ideal- zu Realkonkurrenz ergibt sich lediglich aus materiellrechtlichen Gründen: Die erfolgreiche Abtreibungshandlung ist beendet (weil das Rechtsgut bereits vernichtet ist), als der Tötungsversuch beginnt.

Derselbe historische Zusammenhang besteht aber schon deshalb zwingend, weil derselbe äußere Geschehensablauf auch eine tateinheitliche Verwirklichung der §§ 218, 212 StGB sein könnte.

---

[53] *Schwinge* ZStW Bd. 52, S. 236.
[54] *Schwinge* ZStW Bd. 52, S. 202 ff.
[55] *Schwinge* Dt. Justiz 1941, S. 1065.
[56] *Kadecka*, Dt. Justiz 1942, S. 211 stellt dazu die berechtigte Frage, ob damit nicht „die Bedeutung des Satzes ‚ne bis in idem' auf einen engen Bereich von Selbstverständlichkeiten" zusammenschrumpft.
[57] Vgl. oben 3 c.
[58] *Eb. Schmidt* LK I Anm. 300; RGSt 8, 139; 12, 189.

Nach BGH St 13, 21 sollen jedoch die versuchte Abtreibung und die Tötung im Anschluß daran zwei verschiedene Taten sein: Auch die „nahe zeitliche Aufeinanderfolge" und dieselbe in Abtreibungs- und Tötungsvorsatz enthaltene „ablehnende Grundhaltung gegenüber dem ... Kind"[59] sollen den erforderlichen inneren Sachzusammenhang nicht schaffen können.

Dieser Widerspruch erscheint unlösbar. Er ist es auch, außer man konzediert der Rechtssprechung die Unmöglichkeit einer allgemeinen Begriffsbildung[60] und gibt ihr damit freie Hand, bei jedem problematischen Fall nach Gutdünken und praktisch unüberprüfbar den „erforderlichen inneren Sachzusammenhang"[61] festzustellen oder zu leugnen. Es drängt sich die Vermutung auf, daß der BGH im 13. Band über die Tatidentität vom Ergebnis her entschieden hat: Hätte er Tatidentität angenommen — wie er es konsequenterweise hätte tun müssen —, so wäre wegen der bereits rechtskräftigen Entscheidung über die Abtreibung (2 Monate Gefängnis) eine Bestrafung wegen der anschließenden Kindstötung nicht mehr möglich gewesen. Der BGH wollte hier wohl den Konsequenzen seines so zäh verteidigten Tatbegriffs ausweichen.

b) Rein prozessualer Tatbegriff?

Auch die die ebenso hartnäckig postulierte Unabhängigkeit des Tatbegriffs von materiell-rechtlichen Bestandteilen[62] hält die h. M. nicht durch[63]. In die Begründung ihrer Entscheidungen fließen sowohl der Handlungstheorie als auch der Theorie der Rechtsgutverletzung zuzurechnende Elemente ein.

Als Beispiel dafür kann wieder BGHSt 13, 21 dienen. Die Entscheidung, Abtreibungsversuch und unmittelbar anschließende Kindstötung seien zwei verschiedene Taten, ruht auf zwei Pfeilern: Zum einen soll ausschlaggebend sein „die Andersartigkeit des rechtlich mißbilligten Verhaltens, des bedrohten Rechtsgutes und des Unrechtsgehaltes der Tat", zum anderen die Feststellung, die Täterin habe nach dem Abtreibungsversuch „einen neuen Willensentschluß"[64] fassen müssen.

Hinter der „Andersartigkeit des ... Verhaltens" und dem dafür notwendigen neuen Willensentschluß verbirgt sich nichts anderes als die Feststellung, daß hier eine neue Handlung im sachlich-rechtlichen Sinne

---

[59] BGHSt 13, 27.
[60] Vgl. oben Fußnote 58.
[61] BGHSt 13, 27.
[62] BGHSt. 13, 23.
[63] *Löwe / Rosenberg / Gollwitzer* § 264 Anm. 2; *Bindokat* GA 1967, S. 362 ff., bes. S. 367 ff.; KMR (Sax) § 264 Anm. 4 b: „... muß sich die innere Beziehung aus den mehreren Handlungen selbst und ihrer strafrechtlichen Bedeutung ergeben".
[64] BGHSt 21, 26.

vorliegt. Der Hinweis darauf, daß in dieser Handlung ein Angriff auf ein anderes Rechtsgut zu sehen ist und damit ein vom Abtreibungsversuch verschiedener Unrechtsgehalt entstanden ist, enthält schließlich nichts anderes als das — wiederum materiell-rechtliche — Argument einer *neuen Rechtsgutverletzung*.

Die in BGHSt 13, 21 getroffene Entscheidung beruht also in Wahrheit auf einer materiell-rechtlichen Begründung. Daß es sich dabei nicht um ein einmaliges Abweichen des BGH von seiner scheinbar konsequent verfochtenen prozessualen Meinung handelt, zeigen zwei neue Entscheidungen[65], wo es jeweils gleichlautend heißt: „Die Betrachtung (sc. des einheitlichen Lebensvorganges) kann nicht unabhängig von den verletzten Strafbestimmungen angestellt werden."

Es hat sich also gezeigt, daß herrschende Lehre und Rechtssprechung den Tatbegriff so vage umschreiben, daß sein Ergebnis im Einzelfall völlig offen sein kann. Dies allerdings macht diesen Tatbegriff so enorm praktikabel, seine gernalklauselartige Weite gibt in jedem Grenzfall die Möglichkeit, faktisch unüberprüfbar das Vorhandensein oder das Fehlen eines „natürlichen Sinnzusammenhanges" festzustellen. Einzelne Ergebnisse der Rechtssprechung legen die Vermutung nahe, daß dabei der Blick auf die prozessualen Folgen eine bedeutende, aber sorgsam verborgene Rolle spielt.

c) Kritik an der Handlungstheorie

Der Handlungstheorie wird entgegengehalten, daß sie die Frage nach der Tat i. S. der §§ 155, 164 StPO in unerträglicher Weise mit den ganzen Schwierigkeiten des materiell-rechtlichen Handlungsbegriffs belaste[66].

Fraglos wird dieser Tatbegriff durch seine Verknüpfung mit dem Problemkreis der Handlungs- und Konkurrenzlehre kompliziert. Es muß aber bezweifelt werden, daß diese Schwierigkeiten als Argument für einen nahezu unfaßbaren, weitgehend inhaltsleeren Tatbegriff überhaupt eine Bedeutung beanspruchen dürfen.

Schwerer fällt es dagegen, die Wertungswidersprüche hinzunehmen, die sich aus der Anwendung der Handlungstheorie ergeben:

In dem bereits erwähnten Schulbeispiel (Schießen am verbotenem Ort — Totschlag)[67] ist wegen der Identität der Handlung — Abgabe eines einzigen Schusses — für die Handlungstheorie Tatidentität und Verbrauch der Strafklage gegeben[68]. Stellt sich aber heraus, daß ein

---
[65] BGHSt 23, 141 ff. (146 f.) und 23, 270 ff. (273).
[66] *Eb. Schmidt* LK I Rdn. 301; *Moliere* S. 45 f.
[67] RGSt 70, 30. Vgl. hierzu oben Fußnote 18.
[68] *Herzberg* S. 120.

Angeklagter, der vom Vorwurf, Einbruchswerkzeug geliefert zu haben, freigesprochen ist, das Auto zum Abtransport der Beute gefahren hat, soll wegen der Verschiedenheit der Handlungen eine andere Tat vorliegen[69]. Stellt man weiterhin in Rechnung, daß die praktisch bedeutsamsten Tatbestände Erfolgsdelikte sind, also durch eine unendliche Vielzahl verschiedener Handlungen verwirklicht werden können, so erscheint die Abgrenzung danach, ob irgendein Teil des Verhaltens als Bestandteil beider Tatbestandserfüllungen anzusehen ist, häufig mehr zufällig getroffen werden zu müssen.

d) Der allzu enge Tatbegriff der Theorie der Rechtsgutverletzung

Mit Recht kann die Theorie der Rechtsverletzung für sich in Anspruch nehmen, daß sie nur solches Verhalten zu einer Tat vereinigt, das dieselbe Angriffsrichtung hat[70]. Dies folgt zwingend daraus, daß allein die Frage nach demselben Schutzgut über die Tatidentität entscheidet. Die Anwendung dieses Tatbegriffes setzt jedoch eine Klärung der Beziehungen der verschiedenen Rechtsgüter zueinander voraus. Eine Abgrenzung erfordern insbesondere die Tatbestände, die zwar dasselbe Rechtsgut schützen, jedoch einmal in allgemeiner Form, das andere Mal in einer ganz speziellen Ausprägung. Schwierigkeiten bereitet auch das Verhältnis von Tatbeständen, die mehrere Rechtsgüter schützen, so daß sich häufig Teilüberdeckungen ergeben. Einen wesentlichen Teil dieser Fragen hat Bertel[71] bereits behandelt. Die allgemeine Anerkennung dieser Theorie und ihre Verwendung in der Praxis würden jedoch gerade in diesem Bereich weitere Untersuchungen erforderlich machen.

Der bedeutendste Einwand gegen die uneingeschränkte Anwendung der Theorie der Rechtsgutverletzung ist jedoch die Frage, ob sie dem Grundsatz des „ne bis in idem" gerecht werden kann.

Man muß sich vor Augen halten, daß nach dieser Ansicht die Abgabe eines Schusses theoretisch eine ganze Reihe von Verfahren nach sich ziehen kann. Wegen der verschiedenen Schutzrichtungen der Normen könnte dieselbe Handlung nach Wegfall des § 367 I Ziff. 8 StGB a. F. noch unter den Aspekten der Wilderei, der Tötung und des Verstoßes gegen das Waffengesetz jeweils als eine andere Tat in einem anderen Prozeß beurteilt werden. Ein derartig enger Tatbegriff kann den durch das Verbot der Doppelbestrafung intendierten und grundgesetzlich verankerten Schutz nicht mehr gewähren.

---

[69] Zu den prozessualen Konsequenzen vgl. *Herzberg* S. 119 f.
[70] *Bertel* S. 59.
[71] *Bertel* S. 142 ff. Da dort Tatbestände des österreichischen Strafrechts untersucht werden, können die Ergebnisse nicht in allen Fällen ohne weiteres auf das deutsche Recht übertragen werden.

e) Eigene Ansicht: Gemischt-materiell-rechtlicher Tatbegriff

Es erweist sich also, daß die dogmatische Grundlage für den prozessualen Tatbegriff der h. M. nicht befriedigen kann und daß seine Ergebnisse zu unbestimmt sind. Andererseits ergibt die Anwendung der beiden materiell-rechtlichen Theorien jeweils in bestimmten Bereichen Unzulänglichkeiten, die bis an den Kern des durch „ne bis in idem" abgesteckten Schutzbereiches reichen. Eine sowohl in der Begründung wie in den Ergebnissen zufriedenstellende Lösung ist aber in der Kombination der beiden materiell-rechtlichen Theorien zu suchen. Es ist weder ein positiv-rechtlicher noch ein logischer Grund ersichtlich, der verlangte, die Identität der Tat ausschließlich aufgrund *eines* Elementes zu bestimmen. Die Begründungen, die die beiden Theorien für ihre Ansicht geben, machen deutlich, daß beide verwendeten Kriterien eine sehr enge Beziehung zu dem gesuchten Begriff der Tat haben. Es würde bedeuten, diesem Gewalt anzutun, wenn man ihn lediglich mittels Handlung oder Rechtsgutverletzung unter Ausschluß des jeweils anderen Kriteriums festzulegen versuchte[72].

Eine Tat im Sinne der §§ 155, 264 StPO liegt daher dann vor, wenn eine Handlung Bestandteil der Tatbestandserfüllung verschiedener Strafvorschriften ist

oder wenn

in einem Verhaltenskomplex, der aus mehreren Handlungen bestehen kann, ein einheitlicher Angriff auf dasselbe Rechtsgut zu sehen ist.

Diese Auffassung trägt dem Umstand Rechnung, daß ein strafrechtlich relevantes Geschehen durch sich überschneidende Handlungselemente genauso wie durch dieselbe Angriffsrichtung zu einer prozessualen Einheit verklammert werden kann. Dabei wird der innere Zusammenhang derjenigen Verhaltensweisen, die eine einheitliche prozessuale Behandlung erfahren sollen, mit den Mitteln des materiellen Strafrechts definiert und damit die kaum greifbare Umschreibung des Tatbegriffs der h. M. überwunden.

Die Vereinigung der materiell-rechtlichen Auffassungen meidet auch die Mängel der einzelnen Theorien:

So handelt es sich bei den verschiedenen Beteiligungsweisen an einer Straftat wegen der Nämlichkeit des Rechtsguts immer um eine Tat[73]. Der schon häufig bemühte Schütze aus dem Schulbeispiel des RG[74] muß nur mit einem Verfahren rechnen, weil nur eine Handlung vorliegt.

---

[72] So auch *Schwinge* ZStW Bd. 52, S. 236.
[73] Vgl. hierzu oben 4 a und 5 c.
[74] RGSt 70, 30.

Die Kindstötung und der vorausgehende Abtreibungsversuch[75] bilden nach der hier vertretenen Ansicht zwei verschiedene Taten: Eine sich deckende Ausführungshandlung liegt nicht vor und die Tötung nach der Geburt stellt gegenüber dem Abtreibungsversuch einen neuen Angriff, eine neue Rechtsgutverletzung dar[76].

In den Fällen der nachträglich eingetretenen schweren Folge (§ 222 StGB: Das Opfer stirbt an der fahrlässig verursachten Verletzung nach der Verurteilung gemäß § 230 StGB) ist wegen der Identität der Handlung ein zweites Verfahren ausgeschlossen[77].

Es kennzeichnet die hier vertretene Auffassung, daß sie weitgehend zu denselben Ergebnissen kommt wie die h. M., im Gegensatz zu dieser jedoch eine überprüfbare Begründung der Entscheidung gibt.

C. Tatidentität im deutschen Kartellstrafrecht

1. Doppelbestrafung ausschließlich nationaler Wettbewerbsverstöße

Wie bei jeder — im weiteren Sinne — strafrechtlichen Sanktionsmöglichkeit ist auch bei den Verstößen gegen gem. §§ 38, 39 GWB die Gefahr der doppelten Bestrafung einer Zuwiderhandlung nicht völlig auszuschließen. Im Bereich des Kartellstrafrechts könnte insbesondere in der häufig anzutreffenden Komplexität der wettbewerbsbeschränkenden Vereinbarungen und in der beträchtlichen Dauer mancher Verstöße eine Quelle für Mehrfachbestrafungen vermutet werden. In der Praxis sind jedoch bisher keinerlei solche Schwierigkeiten aufgetaucht. Die Gründe hierfür dürften vor allem in einer eher zurückhaltenden Anwendung der Bußgeldvorschriften durch die Kartellbehörden zu suchen sein. Dabei dürfte auch das für die Verfolgung dieser Ordnungswidrigkeiten geltende Opportunitätsprinzip eine wesentliche Rolle spielen: Ist zweifelhaft, ob eine Verfehlung bereits durch eine verhängte Geldbuße abgegolten ist, so kann die Kartellbehörde auch dann von einem Verfahren absehen, wenn sie der Ansicht ist, ein Verbrauch der Strafklage sei hinsichtlich des neu aufgetauchten Sachverhalts nicht eingetreten.

Auch im Bereich der kartellrechtlichen Sanktionen ist der Umfang der Erledigungswirkung nach den oben[78] dargestellten allgemeinen Re-

---

[75] BGHSt 10, 291 und 13, 21.
[76] Dabei braucht über das Verhältnis der Rechtsgüter „lebensfähige Leibesfrucht" — „Kind unmittelbar nach der Geburt" noch nicht entschieden werden.
[77] Vgl. oben B. 2.
[78] Vgl. oben B 2, 5 e.

geln zu bestimmen. Folgt man dabei der hier vertretenen Auffassung von einem gemischt-materiell-rechtlichen Tatbegriff, so können in jedem Einzelfall zwei verschiedene Untersuchungen zur Feststellung der Erledigung führen. Die Abgrenzungsmöglichkeit nach der Handlungstheorie verlangt die Überprüfung auf sich deckende *Tatausführungshandlungen*. Für die Anwendung der Theorie der Rechtsgutverletzung ist zu fragen, ob ein einheitlicher *Angriff* auf dasselbe Rechtsgut vorliegt.

a) Identische Handlungsbestandteile sind unschwer durch den Vergleich der bei der Subsumption verwandten Verhaltensabschnitte festzustellen[79].

Besonderer Erwähnung bedarf in diesem Zusammenhang die „natürliche Handlungseinheit". Es ist allgemein anerkannt, daß auch dann *eine* Handlung vorliegt[80], wenn zwar durch mehrere Einzelakte jeweils der Tatbestand einer Strafrechtsnorm verwirklicht wird, diese Tatbestandserfüllungen jedoch in einem engen räumlichen und zeitlichen Zusammenhang stehen und auf einen einheitlichen Tatentschluß zurückzuführen sind. Durch diese Zusammenfassung wird aus den vielen Fällen des Sich-Hinwegsetzens (z. B. § 38 I Ziff. 1 und 2 GWB) und des Zuwiderhandelns (z. B. § 38 I Ziff. 4, 5, 6 und 8 GWB) aufgrund *einer* wettbewerbsbeschränkenden Entschließung oder Vereinbarung *eine* Tatbestandsverwirklichung. Tatidentität mit einer anderen Kartellstraftat liegt demnach auch dann vor, wenn nur ein Teilakt einer natürlichen Handlungseinheit gleichzeitig Bestandteil einer anderen Tatbestandsverwirklichung ist.

b) Der Kreis der im Kartellstrafrecht geschützten Rechtgüter[81] ist klein: Der Wettbewerb als Institution, die individuelle Freiheit der Marktbeteiligten und die Hoheitsgewalt der Kartellbehörden[82]. Da sich strafbare Wettbewerbsbeeinträchtigungen in der Regel sowohl gegen die Institution Wettbewerb als auch gegen die wirtschaftliche Handlungsfreiheit der Mitbewerber richten, ist bei materiellen Wettbewerbsverstößen Verschiedenheit des geschützten Rechtsgutes in der Praxis kaum festzustellen. Eine Ausnahme hiervon gilt im Verhältnis zu den Tatbeständen, die allein oder als zweites Schutzgut die Hoheitsgewalt der Kartellbehörden enthalten. In diesen Fällen muß es für die Tatidentität auch ausreichen, wenn in einem der beiden fraglichen Sachverhalte nur eines, im anderen Sachverhalt beide Rechtsgüter beein-

---

[79] Hierzu näher oben B 4 a, b.
[80] Vgl. z. B. *Baumann* LB, S. 670 ff.
[81] Näher zu den im Kartellstrafrecht geschützten Rechtsgütern unten Teil 3 B 2.
[82] §§ 38 I Ziff. 7, 39 GWB, vgl. oben A 3 c.

trächtigt werden[83]. Bereits die teilweise Erfassung des eigentlichen Unrechtsgehaltes läßt die im Einzelfall erreichbare materielle Gerechtigkeit hinter der Rechtssicherheit zurücktreten. Der Schwerpunkt dieser Abgrenzung liegt also nicht beim Rechtsgut, sondern bei der Rechtsgut*verletzung*, d. h. bei der Frage, ob ein einheitlicher Angriff auf die geschützten Rechtsgüter vorliegt. Dabei dient vor allem das Angriffsobjekt zur Feststellung der Identität: Beeinträchtigt der untersuchte Verhaltenskomplex denselben nach wirtschaftlichen Gesichtspunkten bestimmten Marktbereich, also z. B. Herstellung und Vertrieb von Kraftstoffen, von Farbfernsehbildröhren, von pharmazeutischen Produkten mit denselben Wirkstoffen usw., so ist von einer einheitlichen Rechtsgutverletzung auszugehen.

2. Kollision deutscher und ausländischer Kartellsanktionen

Die Anwendung des deutschen Kartellstrafrechts auf Verhaltensweisen im zwischenstaatlichen Bereich ist durch die Ausgestaltung der Delikte als Ornungswidrigkeiten[84] im Vergleich zum allgemeinen Kriminalstrafrecht stark eingeschränkt. Gemäß § 5 OwiG gilt allgemein im Ordnungswidrigkeitenrecht ausschließlich das Territorialprinzip, Universalitäts- und Realprinzip wie in §§ 5 ff. StGB gibt es grundsätzlich nicht.

§ 98 Abs. 2 GWB modifiziert für die Ornungswidrigkeiten nach §§ 38, 39 GWB diese Regelung. Danach ist das ganze GWB auf Wettbewerbsbeschränkungen anzuwenden, „die sich im Geltungsbereich dieses Gesetzes auswirken, auch wenn sie außerhalb des Geltungsbereichs dieses Gesetzes veranlaßt werden". Für die Kartelldelikte ist die Veränderung gegenüber der allgemeinen Regelung des Ordnungswidrigkeitenrechts gering: Im Ausland ins Werk gesetzte Beeinträchtigungen des inländischen Wettbewerbs wären ohnehin erfaßt worden, da gemäß § 7 I OWiG eine Tat auch dort „begangen" wird, wo ihr Erfolg eintritt. Lediglich im Inland veranlaßte, gemäß § 38 GWB tatbestandserfüllende Beeinträchtigungen ausländischer Märkte werden durch § 98 II GWB der Ahndung durch deutsche Behörden und Gerichte entzogen[85].

Infolge der engen Verflechtung im Wirtschaftsgefüge der westlichen Welt sind gerade im Bereich der §§ 38, 39 GWB sehr leicht Fälle vorstellbar, in denen zwei oder mehrere Rechtsordnungen dieselben wettbewerbsbeschränkenden Vereinbarungen unter Strafe stellen, z. B. weil

---

[83] Ebenso *Bertel* S. 153; a. A. *Barthel* S. 107.

[84] Zur Problematik der Ausgestaltung des Kartellstrafrechts im gesamten Bereich des Gemeinschaftsrechts *Johannes*, Das Strafrecht im Bereich der Europäischen Gemeinschaften, in EuR 1968, S. 63 ff., bes. S. 110 ff.

[85] Ebenso *Tetzner* S. 251.

diese auf gleichartige Beschränkungen in mehreren Staaten gerichtet sind.

Das Prinzip des „ne bis in idem" gilt jedoch in Deutschland nur innerhalb der deutschen Rechtsordnung, nicht aber für das Verhältnis zu Rechtsakten ausländischer Gerichtsbarkeiten[86]. Deren Sanktionen werden lediglich gemäß § 51 III StGB auf die eigenen Rechtsfolgen angerechnet.

Das OWiG enthält keine Vorschrift über die Behandlung ausländischer Vorverurteilungen. § 51 III StGB ist nicht ohne weiteres anwendbar, denn die Generalverweisung betrifft nur die „allgemeinen Gesetze über das Straf v e r f a h r e n , § 51 III StGB ist aber eine Vorschrift des materiellen Rechts.

Aus der Farbenentscheidung des BGH[87] in der es um das Verhältnis der Geldbußen der EG zu den deutschen Kartellsanktionen geht, kann auch nicht unmittelbar auf die Anwendbarkeit des § 51 III StGB geschlossen werden, denn der BGH sieht in der dort drohenden Verurteilung durch den EuGH gerade nicht einen Akt einer *ausländischen* Gerichtsbarkeit[88].

Da sich in jüngster Zeit in der Literatur[89] das dogmatische Verständnis der Ordnungswidrigkeiten von dem eines aliud gegenüber dem Kriminalstrafrecht gewandelt hat zu einer Einordnung als Strafsanktion für geringeres Unrecht, bestehen keine Bedenken, in einer Analogie in bonam partem die kriminalstrafrechtliche Anrechnungsvorschrift für frühere ausländische Verurteilungen im Ornungswidrigkeitenrecht anzuwenden. Dieselben „rechtsstaatlichen Grundsätze"[90], die innerhalb der Rechtsordnung die Anwendung des Verbots der Doppelbestrafung im Recht der Ordnungswidrigkeiten verlangen, zwingen auch zur Anrechnung einer bereits erlittenen ausländischen Sanktion.

Der Begriff der Tat in § 51 III StGB ist derselbe wie in §§ 155, 264 StPO[91]. Nach der hier vertretenen Auffassung kommt daher die Anrechnung einer im Ausland verhängten kartellrechtlichen Sanktion dann in Betracht, wenn beiden Sanktionen eine einheitliche Rechtsgut-

---

[86] BGHSt 6, 176; 12, 36; BGH NJW 1969, S. 1542. Leider hat der Gesetzgeber im 2. StrRG den Grundsatz ne bis in idem nicht auf ausländische Verurteilungen ausgedehnt; dies hatte der AE in den §§ 4 II, 6 III und 7 II vorgeschlagen. Vgl. hierzu auch *Baumann* LB, S. 82 f.

[87] BGHSt 25, 54 ff. Siehe bes. unten C 3.

[88] BGHSt 25, 57 f.

[89] Vgl. z. B. *Baumann* LB, S. 38 (mit ausdrücklichem Hinweis auf §§ 38, 39 GWB) und JZ 1972, S. 3; *Cramer*, Grundbegriffe des Rechts der Ordnungswidrigkeiten S. 17, *Göhler* OWiG Einl. 5 und Anm. 2 vor § 1.

[90] BGHSt 25, 57.

[91] *Dreher* StGB § 51 Rdn. 16, *Oehler*, Festschr. f. Rosenfeld, S. 142, *Schönke / Schröder* § 51 Rdn. 30.

verletzung zugrundeliegt oder Teile der Tatbestandsausführung übereinstimmen.

Dabei ist die Frage aufzuwerfen, ob Wettbewerbsbeeinträchtigungen, die sich gegen zwei verschiedene Rechtsordnungen richten, überhaupt *eine* Rechtsgutverletzung darstellen können. Es ist davon auszugehen, daß die nationalen Rechtsordnungen jeweils nur den Schutz des Marktes auf ihrem Territorium bezwecken: Wenn zwei deutsche Firmen ein Gebietskartell über den Absatz ihrer Produkte im Ausland abschließen, so können dafür keine Geldbußen gem. § 38 GWB verhängt werden, solange diese Absprache keinerlei Auswirkung auf den Wettbewerb innerhalb der Bundesrepublik hat[92]. Im Grunde nicht anders liegt der Fall, wenn z. B. zwei französische Unternehmen vereinbaren, ihre Erzeugnisse in ganz Westeuropa, auch in der Bundesrepublik, nur zu einem bestimmten Preis anzubieten. Die hier nach dem GWB mögliche Sanktion ergeht lediglich mit Blick auf die Einschränkung des Wettbewerbs auf dem deutschen Markt. Entsprechendes gilt für eine Bestrafung in Frankreich.

Nimmt man im zuletzt geschilderten Fall eine bereits vollstreckte Verurteilung in Frankreich an, so ist diese zwar wegen des ggfs. analog anzuwendenden § 51 III StGB ohne Einfluß auf die Durchführung eines Verfahrens in Deutschland, bei der Bemessung der Geldbuße ist jedoch gerade wegen § 51 III StGB („wegen derselben Tat") zu entscheiden, ob die ausländische Verurteilung zum Schutz desselben Rechtsgutes erging. Diese Entscheidung hängt von der Frage ab, ob der Schutz entsprechender Marktbereiche in verschiedenen Ländern als ein einheitliches Rechtsgut zu betrachten ist[93].

Bei Rechtsgütern wie Leben, körperliche Unversehrtheit und Eigentum besteht der Schutz durch die Strafrechtsordnung fraglos ohne Bezug auf eine nationale Zuordnung des Rechtsgutes: Auch der Mord an einem Ausländer ist in Deutschland gem. § 211 StGB strafbar. Dagegen bezwecken die Staatsschutzdelikte ausschließlich die Aufrechterhaltung der territorialen und organisatorischen Integrität des jeweiligen Staates[94]. Bei entsprechenden Vorschriften über den persönlich-sachlichen Geltungsbereich[95] ist für den Mord an dem Ausländer die Möglichkeit

---

[92] *Tetzner* S. 251; *Rasch / Westrick* § 98 Rdn. 8.

[93] Vom Standpunkt der h. M. aus kann es hier keinen Zweifel an der Tatidentität geben, denn in der umfassenden Preisabsprache ist „ein einheitlicher Lebensvorgang" zu sehen. Daß hier möglicherweise gegen verschiedene Rechtsgüter verstoßen wird, ist für die h. M. ohne Bedeutung. BGH NJW 1953 S. 1522.

[94] Ein darüber hinausgehender Strafrechtsschutz, der ausländische Staaten einbeziehen will, bedarf einer ausdrücklichen Regelung, vgl. §§ 102 ff. StGB. Vgl. allg. zu ausl. Rechtsgütern *Jeschek* LB, S. 138 f., zur Frage der im Tatbestand enthaltenen Begrenzung des Geltungsbereichs *Bergmann* S. 39 ff.

[95] Zum Begriff des pers.-sachl. Geltungsbereichs vgl. *Baumann* LB, S. 74. —

der Bestrafung in Deutschland und im Heimatland des Opfers gegeben. Im Gegensatz dazu erfolgt die Bestrafung eines Landesverrats wegen des ausschließlichen Interesses des betroffenen Staates und der entsprechenden Formulierung der Straftatbestände nur in dem Staat, dessen Staatsgeheimnis verraten wurde.

Die vorstehenden Überlegungen können teilweise auf nationale Kartellsanktionen übertragen werden.

In voneinander völlig unabhängigen Rechtsordnungen soll jeweils die Aufrechterhaltung des freien Wettbewerbs innerhalb des eigenen Territoriums erreicht werden, Strafgrund ist also die Beeinträchtigung des Wirtschaftsablaufes innerhalb der eigenen Grenzen. Eine Sanktion für Wettbewerbsbeschränkungen, die lediglich ausländische Märkte berühren, ergeht nicht.

Die Verletzung der Wettbewerbsfreiheit in einem bestimmten Marktbereich ist daher der jeweiligen nationalen Rechtsordnung ausschließlich zugeordnet. Die Beeinträchtigung gleicher Marktbereiche in verschiedenen Staaten verletzt daher verschiedene Rechtsgüter.

Damit ist jedoch nicht gesagt, daß eine solche Beeinträchtigung eines ausländischen Marktes nicht mit einer Beschränkung des gleichen Wirtschaftsbereichs im Inland eine Tat bilden könnte. Zwar reicht der Umstand, daß die entsprechenden Märkte betroffen sind, für die Tatidentität nicht aus. Werden die Wettbewerbsbeschränkungen aber durch eine Handlung im strafrechtlichen Sinn[96] bewirkt, so werden diese Beschränkungen durch die Identität der Handlung zu einer Tat verknüpft[97].

3. Kollision deutscher Kartellsanktionen mit Bußgeldern der EG

Die Frage der Tatidentität als tatbestandliche Voraussetzung für eine Kollision zwischen deutschen und gemeinschaftsrechtlichen Sanktionen stellt sich hier zunächst in gleicher Weise wie für das Zusammentreffen einer deutschen strafrechtlichen Verurteilung mit der einer ausländischen Rechtsordnung. Für die Bestimmung der Tatidentität gilt daher das im vorhergehenden Abschnitt Gesagte[98]. Für die Rechtsfolgen aus dem Vorliegen einer Tat ergeben sich jedoch aus dem besonderen Ver-

---

Wenn beispielsweise die Tat im Inland begangen wurde und im ausl. Staat für Mord das Schutzprinzip gilt, ist das ausl. Recht, gem. § 3 StGB aber auch deutsches Strafrecht anwendbar.

[96] Vgl. auch oben C 1.

[97] Hierzu näher oben B 5 e.

[98] In dem einzigen Fall, den der BGH bisher zu dieser Problematik zu entscheiden hatte (BGHSt 25, 54), wird daher entsprechend dem weiten Tatbegriff der h. M. ohne Begründung von derselben Tat ausgegangen.

hältnis des Gemeinschaftsrechtes zum Recht der Mitgliedstaaten zusätzliche Gesichtspunkte.

Die Mitgliedstaaten der EG haben im EWGV einen Teil ihrer Staatsgewalt auf die Gemeinschaft übertragen. Nach ganz herrschender Meinung[99] ist dadurch eine neue hoheitliche Gewalt entstanden, die in den ihr eingeräumten Bereichen eine eigenständige, von den „Muttergewalten" nicht mehr unmittelbar abhängige Entwicklung nimmt. Auf der Basis dieser eigenen Hoheitsgewalt hat sich die EG u. a. im Bereich des Wettbewerbsrechts eine eigene Rechtsordnung geschaffen (Art. 85 ff. EWGV; VO 17) und diese mit Bußgeldsanktionen bewehrt (Art. 15 VO 17)[100]. Für die Verhängung dieser Bußgelder steht ein zweistufiges EG-internes Verfahren (Kommission — EuGH, Art. 15, 17 VO 17) zur Verfügung.

Diese Autonomie der EG-Rechtsordnung legt es nahe, für den Fall des Zusammentreffens deutscher Kartellsanktionen mit solchen der EG die im vorhergehenden Abschnitt dargestellten Regeln des „internationalen Strafrechts"[101] anzuwenden. Dem stehen jedoch die Besonderheiten entgegen, die ausschließlich das Verhältnis der EG zu ihren Mitgliedstaaten kennzeichnen:

— Der räumliche Geltungsbereich[102] des EG-Wettbewerbsrechts umfaßt neben dem der anderen Mitgliedstaaten den gesamten Bereich des deutschen Kartellrechts.

— Ein Vergleich der Sanktionen ergibt umfangreiche Übereinstimmungen hinsichtlich der materiellen Ausgestaltung und des persönlich-sachlichen Geltungsbereichs[103].

— Zwar bestehen die jeweiligen Bußgeldverfahren unabhängig nebeneinander, im kartellrechtlichen Verwaltungsverfahren dagegen ist unter bestimmten Umständen eine Anwendung des EG-Rechts durch nationale Kartellbehörden vorgesehen (Art. 9 III VO 17).

— Die Rechtsnormen der EG gelten in der Bundesrepublik unmittelbar als *innerstaatliches* Recht[104].

Vor allem wegen der zuletzt genannten Inkorporation des EG-Rechts in die deutsche Rechtsordnung sieht sich der BGH in seiner Entschei-

---

[99] *Ipsen* S. 193; BVerfGE 22, 296, BGHSt 25, 58.

[100] Hierzu näher unten Teil 2 B.

[101] Genauer: dt. Strafanwendungsrecht mit Auslandsbeziehung, *Baumann* LB, S. 74 f.

[102] Zu den Begriffen des „räumlichen" und des „persönlich-sachl. Geltungsbereichs", *Baumann* LB, S. 74 f.

[103] Vgl. oben A 2 und unten Teil 2 B sowie *Harms* S. 14 ff.

[104] Art. 189 II EWGV, BVerfGE 29, 209 passim; BGHSt 25, 58; *Harms* S. 5 ff.

C. Tatidentität im deutschen Kartellstrafrecht

dung zum Farbenfall[105] gehindert, das gemeinschaftsrechtliche Verfahren wie das einer fremden Rechtsordnung zu behandeln. Zu Recht hält der BGH die „supranationale Gerichtsbarkeit" des EuGH für „eine im Prozeß fortschreitender Integration befindliche ‚zwischenstaatliche' Gerichtsbarkeit ..., die sich der Einordnung nach der geläufigen Unterscheidung zwischen ausländischer und inländischer Gerichtsbarkeit entzieht"[106]. Trotz der Verwirklichung von § 38 I Ziff. 1 GWB und Art. 15 II a VO 17 durch dieselbe Handlung kann jedoch entgegen Art. 103 III GG nicht lediglich eine Geldbuße festgesetzt werden, weil es keine — deutsche oder gemeinschaftliche — Instanz gibt, die diese Handlung gleichzeitig im Hinblick auf das nationale und das EG-Recht beurteilen kann. Der BGH sieht sich daher gezwungen, auf die „kleine Lösung" des Kollisionsproblems auszuweichen und das für Auslandsverurteilungen geltende Anrechnungsprinzip anzuwenden[107].

Es verdient besonders hervorgehoben zu werden, daß sich der BGH diese Entscheidung nicht leicht macht. Er stellt nicht — was vertretbar wäre und im speziellen Fall zu denselben Ergebnissen führen würde — die formale Unabhängigkeit der beiden Rechtsordnungen in den Vordergrund. Im Gegenteil, aus den Entscheidungsgründen wird deutlich, daß der BGH der „vielfältigen Verschränkung" und „fortschreitenden Integration"[108] der beiden Rechtsordnungen gerecht zu werden versucht. An der homogenen Bewältigung der kartellrechtlichen Strafsanktionen wird er nur dadurch gehindert, daß die verfahrensmäßige und organisatorische Verzahnung nicht weit genug fortgeschritten ist.

---

[105] BGHSt 25, 54. Wegen der Behandlung desselben Falles im EG-Bereich s. unten Teil 2 D 2.
[106] BGHSt 25, 58.
[107] BGHSt 25, 60 f.
[108] BGHSt 25, 58.

Teil 2

Bisherige Behandlung der Tatidentität im Kartellrecht der Europäischen Gemeinschaft[1]

A. Die Rechtsnatur der Geldbußen nach Art. 15 der VO 17

Art. 87 EWGV ermächtigte und verpflichtete den Rat der EWG, die für die Anwendung der Art. 85, 86 EWGV erforderlichen Regelungen in Form von Verordnungen und Richtlinien zu erlassen. Art. 87 II lit. a EWGV sah ausdrücklich die Einführung von Geldbußen als Sanktionen für Verstöße gegen die Art. 85 und 86 vor. Auf dieser Grundlage erging die Verordnung Nr. 17 vom 6. 2. 1962 (VO 17)[2], die in ihren Art. 15 und 17—19 die materiellen Voraussetzungen und das Verfahren der Bußgeldsanktionen regelt.

Unklar blieb dabei zunächst, welche rechtliche Qualität diese Sanktionen haben. In Betracht kommt die Behandlung als Verwaltungssanktion oder als Kriminalstrafe. Aus dem deutschen Recht ergibt sich als weitere Einordnungsmöglichkeit die Behandlung als quasi-strafrechtliche Sanktion für ethisch weniger vorwerfbares Unrecht im Sinne des deutschen Ordnungswidrigkeitenrechts[3].

Art. 15 IV VO 17[4] schafft in dieser Frage nur scheinbar Klarheit, wenn er die entsprechenden Entscheidungen ausdrücklich als „nicht strafrechtlicher Art" qualifiziert. Winkler[5] weist jedoch nach, daß mit dieser Bestimmung keineswegs eine eindeutige Qualifikation der Rechtsnatur erreicht ist. Nach anderer Ansicht ist damit nicht einmal die Einordnung in das allgemeine Kriminalstrafrecht ausgeschlossen worden[6].

---

[1] Der Untersuchung werden die einschlägigen Vorschriften des EWG-Vertrages zugrundegelegt. Auf eine zusätzliche Darstellung der Bußgeldtatbestände nach Art. 65. 66 EGKSV kann verzichtet werden. Die Problematik der Doppelbestrafung stellt sich dort in theoretisch gleicher Weise, die praktische Bedeutung ist dort jedoch wegen der Beschränkung auf die Montanindustrie wesentlich geringer.

[2] In der Folge ergingen noch zu VO 17 die VO Nr. 27 v. 3. 5. 1962 und die VO Nr. 99/63 EWG v. 25. 7. 1963.

[3] Vgl. *Winkler*, Die Rechtsnatur der Geldbuße im Wettbewerbsrecht der EWG, S. 28 f, 50 ff.

[4] Insoweit gleichlautend Art. 22 IV VO 1017.

[5] *Winkler* S. 54.

[6] *Reinhart* AWD 1974, S. 187 ff. und die bei *Winkler* S. 54 Anm. 281 genannten Autoren.

A. Die Rechtsnatur der Geldbußen nach Art. 15 der VO 17

Daß mit Art. 15 IV VO 17 lediglich eine Aussage über die Form des Bußgeldbescheides gemacht werden sollte, ist allerdings von dem ansonsten einer weiten Auslegung zugänglichen Wortlaut dieser Vorschrift nicht gedeckt, die Qualifizierung als materielles Kriminalstrafrecht ist infolge des ausdrücklichen Willens des Verordnungsgebers nicht möglich.

Andererseits spricht gegen eine Behandlung der Bußgeldtatbestände als Verwaltungssanktion vor allem, daß Voraussetzung der Verhängung einer Geldbuße vorsätzliche oder fahrlässige, also schuldhafte Tatbestandsverwirklichung ist, Art. 15 I u. II VO 17. Eine repressive Sanktion, die nur aufgrund des Nachweises individueller Vorwerfbarkeit ergehen kann und nicht Wiedergutmachung eines Schadens ist, ist dem Strafrecht im weiteren Sinne anzurechnen[7].

Das deutsche Rechtsinstitut der Ordnungswidrigkeit erfüllt beide Anforderungen, die demnach an die rechtliche Einordnung der EG-Geldbußen zu stellen sind. Die Bestrafung als Ordnungswidrigkeit ist eine Reaktion auf Unrecht, das unterhalb der Schwelle zum Kriminalstrafrecht liegt, sie ist jedoch abhängig von individueller Zurechenbarkeit. Daher ist einer wohl vorherrschenden, allerdings weitgehend aus dem deutschen Rechtskreis stammenden Literaturansicht zu folgen, nach der die Tatbestände der Art. 15 I und II VO 17 die Rechtsnatur der Ordnungswidrigkeit im Sinne des deutschen OwiG haben[8].

Für die Untersuchung, welchen Inhalt das Verbot der Doppelbestrafung im Recht der EG hat, ist die Bestimmung der Rechtsnatur der Geldbuße von untergeordneter Bedeutung. Insbesondere ergeben sich aus der unterschiedlichen Einordnung ins Verwaltungsrecht oder in das Strafrecht in engerem oder in weiterem Sinne keine Konsequenzen für die Anwendung des Grundsatzes „ne bis in idem". Selbst wenn man sich für eine Zuordnung zum Verwaltungsrecht entscheidet und in der Geldbuße einen Verwaltungsakt sieht, so kann dieser Verwaltungsakt, der einen abgeschlossenen Sachverhalt nach einem gerichtsförmigen Verfahren einer endgültigen Regelung zuführt, in Rechtskraft erwachsen und damit der erneuten Verhängung einer Geldbuße entgegenstehen[9].

---

[7] *Winkler* S. 51 f., S. 77 ff. In diesem weiteren Sinn wird im folgenden der Begriff „Strafrecht" in Bezug auf die EG-Geldbußen verwandt. So auch *Lübbert*, Das Verbot abgestimmten Verhaltens im dt. u. europ. Kartellrecht, S. 93.

[8] *v. Gamm / v. Gamm* S. 75; *Gleiss / Hirsch* VO 17 Art. 15, 16 Rdn. 4, *Mestmäcker* LB § 44 III; GA *Roemer* RsprGH XV 24, *Steindorff*, Die Durchsetzung des Wettbewerbsrechts in der EWG, S. 54 (FN 16), *Winkler* S. 85 f.

[9] *Mestmäcker* BB 1968, S. 1304, *Winkler* S. 99 f.

B. Die Tatbestände des Art. 15 VO 17

Ebenso wie die Ordnungswidrigkeiten des deutschen Kartellrechts haben auch die Bußgeldtatbestände der VO 17 verschiedene Schutzrichtungen[10]. Im Gegensatz zu dem „Ordnungswidrigkeitensalat"[11] der §§ 38, 39 GWB ergeben jedoch die Art. 15 I in Verbindung mit Art. 2, 4, 5, 11—14 VO 17 und Art. 15 II VO 17 in Verbindung mit Art. 85, 86 EWGV ein überschaubares Bild des europäischen Kartellstrafrechts.

1. Art. 15 Absatz 1 VO 17

Vergleichbar der oben[12] als dritte Gruppe behandelten Tatbeständen der §§ 38 I Ziff. 7, 39 I Ziff. 1—3 GWB betrifft Abs. 1 Verstöße im Anmeldungs- und Prüfungsverfahren, die wegen der Gefahr einer durch sie verursachten falschen Entscheidung incriminiert werden.

In lit. a u. b. werden die Abgabe falscher Erklärungen und die Unterlassung vorgeschriebener Erklärungen bestraft.

Der Tatbestand der 1. Alt. des lit. c. wird durch die nicht vollständige Erfüllung der Vorlagepflicht gem. Art. 13, 14 VO 17 verwirklicht.

Breiter ist das Spektrum der möglichen tatbestandserfüllenden Handlungen in lit. c 2. Alt. Theoretisch kommen hierfür eine Vielzahl von Handlungen in Betracht, in der Praxis wird es sich jedoch regelmäßig ebenfalls um die Unterlassung der Vorlage von Geschäftsunterlagen handeln, die eine Nachprüfung gem. Art. 14 III EWGV ermöglichen.

2. Art. 15 Absatz 2 lit. a VO 17

Diese Vorschrift ist das Herzstück des EG-Kartellstrafrechts. Sie ahndet den vorwerfbaren Verstoß gegen die Art. 85 und 86 EWGV, also das wettbewerbsbeschränkende Verhalten mehrerer Unternehmen und den Mißbrauch einer Monopolstellung durch ein einzelnes Unternehmen.

Durch die Verweisung auf Art. 85 und 86 EWGV werden sämtliche materiell-rechtlichen Probleme des EG-Wettbewerbsrechts in das Kartellstrafrecht eingebracht. Angesichts der Vielzahl der dort diskutierten Streitfragen erheben sich Zweifel, ob das Bußgeldverfahren auf einer solchen unsicheren — weil weitgehend noch ungeklärten — Grundlage ein wirksames Instrument zur Gewährleistung eines offenen Wettbewerbs sein kann. Auf diesen umfangreichen speziell kartellrechtlichen Problemkreis wird im folgenden nur insoweit schlaglichtartig

---

[10] Vgl. oben Teil 1 A 2.
[11] *Baumann / Arzt* ZHR Bd. 134 (1970), S. 33.
[12] Vgl. oben Teil 1 A 3.

B. Die Tatbestände des Art. 15 VO 17

eingegangen, als es zum Verständnis der Sanktionsnormen unabdingbar ist.

a) Art. 85 EWGV

Das Verbot erfaßt ganz generell sämtliche horizontalen und vertikalen Verhaltensweisen, die den Handel zwischen den Mitgliedstaaten tangieren[13]. Durch die Einbeziehung des Verbots des „abgestimmten Verhaltens" erstreckt sich der Wettbewerbsschutz der EG von Anfang an auf diejenigen Wettbewerbsbeeinträchtigungen, die ohne Bindungswillen der Beteiligten lediglich durch parallellaufendes Verhalten verursacht werden[14]. Die nicht abschließende Aufzählung[15] nennt die wichtigsten Formen der Wettbewerbsbehinderung wie Preisabsprachen, Markt- und Rohstoffaufteilungen, einvernehmliche Diskriminierungen, Kopplungsgeschäfte.

Die Verhaltensweisen müssen Wettbewerbsbeeinträchtigungen „bezwecken oder bewirken". Mit der Modalität „bewirken" wird nur auf die Kausalverknüpfung zwischen dem Verhalten und der Wettbewerbsbeschränkung abgehoben. Da häufig der Nachweis eines entsprechenden Vorsatzes nicht gelingen wird, dürfte diese Alternative des Tatbestandes als Fahrlässigkeitstat die größte praktische Bedeutung erlangen. Die Annahme der Vorhersehbarkeit als Fahrlässigkeitsmerkmal dürfte bei in der Regel großkaufmännisch geführten Unternehmen keine Schwierigkeiten bereiten. Die Alternative „bezwecken" bedeutet eine Vorverlegung der Strafbarkeit im Sinne eines coupierten Erfolgsdelikts: Für die Tatbestandsverwirklichung reicht es aus, daß die Wettbewerbsverzerrung angestrebt wird, sie braucht nicht eingetreten zu sein. Durch diese Regelung wird auch eine höchstens in diesem zentralen Bereich erwägenswerte Versuchsbestrafung überflüssig. Für das subjektive Tatbestandsmerkmal „bezwecken" gilt allerdings in Bezug auf seine Praktikabilität das bereits oben zum Vorsatz gesagte: Der Nachweis wird schwerfallen.

Die angestrebten bzw. erfolgten Wettbewerbsbeschränkungen müssen „geeignet" sein, den zwischenstaatlichen Handel zu beeinträchtigen. Damit werden ausschließlich lokale Auswirkungen ausgeklammert: Ein rein nationales Marktgeschehen, an dem in anderen Mitgliedsländern keinerlei Interesse besteht, ist auch bei Vorliegen aller übrigen Voraussetzungen nicht strafbedroht. Jedoch kann auch ein rein nationales Kartell den Handel zwischen den Mitgliedstaaten beeinträchtigen, wenn es die „economic interpenetration" stört[16].

---

[13] *Deringer* WuW-Kommentar § 85 Rdn. 34, *Reinhart* AWD 1974, S. 187 ff.
[14] Im deutschen Recht wurde dies erst mit der Einführung des § 25 II GWB im Jahre 1973 erreicht.
[15] Vgl. den Wortlaut: „insbesondere".

Unter Anwendung des Grundsatzes „minima non curat praetor" ist außerdem davon auszugehen, daß nicht in jeder noch so kleinen nachteiligen Auswirkung auf den Handel zwischen den Mitgliedstaaten eine relevante Beeinträchtigung zu sehen ist[17]. Die Abgrenzung kann jeweils nur nach den Umständen des Einzelfalls getroffen werden. Aus der bisherigen Praxis, in der von den Möglichkeiten des EG-Kartellstrafrechts eher zurückhaltend Gebrauch gemacht wurde, entstanden hier keine Probleme[18].

Auf einen grundlegenden systematischen Unterschied zwischen der Strafbarkeit gemäß § 38 II GWB und derjenigen wegen Verstoßes gegen Art. 85 I EWGV ist noch hinzuweisen: Während nach der deutschen Norm ein Kartellmitglied sich einseitig über die Unwirksamkeit der Vereinbarung hinwegsetzen und damit den Tatbestand allein erfüllen kann, ist gem. Art. 15 II lit. a VO 17 nur die Vereinbarung strafbar. In diesem Fall ist also nur eine Tatbestandserfüllung durch mehrere Unternehmen gleichzeitig denkbar[19].

b) Art. 86 EWGV

Ebenso wie die Verweisung auf Art. 85 führt die Bezugnahme auf Art. 86 zu einer Generalklausel als tatbestandliche Grundlage für die Sanktion des Monopolmißbrauchs: Jedes mißbräuchliche Ausnutzen einer marktbeherrschenden Stellung, soweit es sich auf den gemeinsamen Markt auswirken kann, erfüllt die Voraussetzungen des Bußgeldtatbestandes.

Für Art. 15 II VO 17 iVm Art. 86 EWGV ergeben sich Schwierigkeiten vor allem in zweierlei Hinsicht:

aa) Bei welchem Grad der Dominanz auf dem Markt liegt eine „beherrschende Stellung" vor?

bb) Wann ist in dem Verhalten eines solchen Unternehmens ein „Mißbrauch" zu sehen?

Zu aa): Schon die Frage danach, in welchem räumlichen Bereich der Marktanteil eines Unternehmens festgestellt werden muß und wie groß dieser Anteil sein muß, damit von einem „wesentlichen Teil des Gemeinsamen Marktes" gesprochen werden kann, ist mit unzähligen Ein-

---

[16] Die Einzelheiten sind hier seit langem streitig. Zum Meinungsstand vgl. *Mailänder* in GK EWGV Art. 85 Rdn. 27 ff. Wie hier EuGH RS 8/72, Slg XVIII, S. 977, *Parry / Hardy* EEC-Law Rdn. 28—13.

[17] *Mailänder* in GK EWGV Art. 85 Rdn. 22, *Reinhart* S. 191; vgl. auch die Entscheidungen der Kommission ABL 1967 L 164/10, 1968 L 201/4, sowie EuGH 5/69, Slg. XV, 295, RS 1/71, Slg. XVII, 351.

[18] Siehe dazu auch die Bekanntmachung der Kommission v. 27. 5. 1970, ABL 1970 C 64/1.

[19] So auch *Kirschstein* AWD 1967, S. 209 ff.

zelproblemen belastet[20]. Für die „beherrschende Stellung" eines Unternehmens[21] kann es nicht allein auf seinen augenblicklichen Marktanteil in der Sparte der Betriebe ankommen, die genau die gleichen Waren oder Leistungen anbieten. Mit in Betracht gezogen werden müssen vielmehr Ausweichmöglichkeiten der Abnehmer[22] z. B. im Apparatebau die Möglichkeit, Kunststoff- statt Metallgehäuse zu wählen oder bei Verpackungen die Alternativen Holz, Metall, Kunststoff oder Pappe. Auch wird die Ansicht vertreten, subjektive Elemente, wie die in Zukunft beabsichtigte Betätigung des Unternehmens, sollen eine Rolle spielen[23].

Zu bb): Unüberschaubar ist auch die Zahl der Verhaltensweisen, in denen eine „mißbräuchliche Ausnutzung" einer beherrschenden Stellung gesehen werden kann[24]. Hierunter fällt jedes Handeln eines Unternehmens, das den Zielen des gemeinsamen Marktes widerspricht und das — ermöglicht durch dominierende Stellung auf dem Markt — wettbewerbsschädigend wirkt. Einen auch hier nicht abschließenden Katalog enthalten Art. 86 lit. a—d: Diktat von Preisen und Geschäftsbedingungen, Markt- und Entwicklungsbeschränkungen, Diskriminierungen von Handelspartnern und Kopplungsgeschäfte.

Der Begriff des Mißbrauchs ist objektiv zu bestimmen[25]: Die Unvereinbarkeit mit den Zielen des Gemeinsamen Marktes und die Möglichkeit der Wettbewerbsbeeinträchtigung reichen zur Tatbestandserfüllung aus. Der Wille zum Mißbrauch bei den Verantwortlichen des betreffenden Unternehmens ist nicht schon im Mißbrauch enthalten. Ein solches subjektives Element kommt erst durch Vorsatz bzw. Fahrlässigkeit in Form von Kenntnis bzw. vorwerfbarer Unkenntnis hinzu[26].

c) Art. 15 Absatz 2 lit. b VO 17

Art. 85 III EWGV gibt der Kommission die Möglichkeit, bestimmte Verhaltensweisen, die den Tatbestand des Art. 85 I erfüllen, von dessen Rechtsfolgen freizustellen. Dies geschieht dadurch, daß Art. 85 I förmlich für nicht anwendbar erklärt wird, Art. 8 VO 17. Diese Erklärung kann mit Bedingungen und Auflagen verknüpft werden.

Die Bedingung als Wirksamkeitserfordernis trägt ihre Sanktion in sich: Wird der Bedingung nicht nachgekommen, so bleibt es bei der

---

[20] *Gleiss / Hirsch* Art. 86 Rdn. 6 und besonders *Mestmäcker* LB § 28 V.
[21] Umstritten ist auch, ob die Definition des § 22 GWB zur Auslegung herangezogen werden darf. Vgl. hierzu *Gleiss / Hirsch* Art. 86 Rdn. 5 und die Übersicht über den Streitstand ebenda FN 11.
[22] *Gleiss / Hirsch* Rdn. 6; *Deringer* Art. 66 Rdn. 15 ff.
[23] *Mestmäcker* LB § 28 III.
[24] Vgl. z. B. *Deringer* Art. 86 Rdn. 30 ff.; *Gleiss / Hirsch* Art. 86; *Mestmäcker* LB § 29.
[25] *Deringer* Art. 86 Rdn. 35; *Gleiss / Hirsch* Art. 86 Rdn. 21.
[26] Wie hier *Deringer* Art. 86 Rdn. 35.

Anwendbarkeit des Art. 85 I und bei der Bußgeldandrohung des Art. 15 II lit. a VO 17. Wird die selbständige Auflage nicht erfüllt, so berührt dies die Wirksamkeit der Freistellung nicht eo ipso. Diese kann dann allerdings widerrufen werden, Art. 8 II lit. b VO 17.

Um zwischen Freistellungserklärung und Widerruf keine Lücke der Bußgeldandrohung entstehen zu lassen, mußte die Nichtbefolgung der Auflage in Art. 15 II lit b VO 17 selbständig unter Strafe gestellt werden.

C. Doppelbestrafung durch mehrere Rechtsakte der EG

1. Mögliche Kollisionen

Angesichts des sehr kleinen Bereichs (im weiteren Sinne) strafrechtlicher Sanktionsmöglichkeiten im Recht der EG ist es nicht verwunderlich, daß das Problem der Doppelbestrafung durch zwei Akte von EG-Institutionen selten auftaucht. Da auch nach der Fusion der Gemeinschaftsorgane die Gemeinschaften selbst bis zu ihrer vollständigen Integration nebeneinander bestehen bleiben[27], wäre theoretisch eine Kollision von Sanktionen nach dem Kartellrecht der EGKS[28] und denen nach der VO 17 denkbar. In der Praxis ist dies jedoch gerade wegen der Vereinigung der Gemeinschaftsbehörden sehr unwahrscheinlich.

Wesentlich näher liegen dagegen Doppelsanktionen im Bereich der Disziplinarstrafen. Hier ist auch der Grundsatz „ne bis in idem" in Art. 86 § 3 des Personalstatuts[29] ausdrücklich geregelt: „Ein und dieselbe Handlung darf nur eine Disziplinarstrafe nach sich ziehen."

2. Die Rechtsprechung des EuGH zur Tatidentität im Disziplinarrecht (Verb. RS 18 und 35/65)

Bisher hatte sich der EuGH nur in einem Disziplinarfall mit der Frage der Tatidentität zu befassen[30]:

Ein Beamter war wegen seines Verhaltens gegenüber seinen Mitarbeitern und wegen des Mißbrauchs dienstlicher Einrichtungen mit einem Verweis bestraft worden. Im Anschluß daran wurde gegen ihn ein zweites Verfahren eingeleitet, in dem ihm hauptsächlich weiterer Mißbrauch von Einrichtungen der Gemeinschaft in der Zeit vor der

---

[27] Ausführlich hierzu *Goldmann* S. 5.
[28] Art. 47 III, 64, 65 § 5 und 66 § 6 EGKSV.
[29] Personalstatut der EWG und EAG v. 18. 12. 1961, Amtsblatt 1962 S. 1385/62.
[30] EuGH Verb. RS 18 und 35/65 (Gutmann), Slg. XII S. 178 ff. und Slg. XIII S. 86 ff.

Bestrafung vorgeworfen wurde. Der Beamte hatte vorgetragen, das jetzt untersuchte Verhalten sei schon Gegenstand des ersten Verfahrens gewesen. Die Kommission hatte die Ansicht vertreten, es handele sich im zweiten Verfahren um Verfehlungen, die im ersten Verfahren nicht behandelt worden seien.

Die bei der Untersuchung dieser Frage auftauchenden Schwierigkeiten erachtete der Gerichtshof als tatsächlicher Natur[31]: In beiden Verfahren hatte die Kommission nicht hinreichend genau klargestellt, welche Handlungen im einzelnen dem Beamten vorgeworfen waren. Der EuGH hielt den von der Kommission verlangten Beweis dafür, daß sich das in den beiden Verfahren vorgeworfene Verhalten nicht deckte, nicht für erbracht:

Da schon im ersten Verfahren auch der Mißbrauch dienstlicher Einrichtungen zu dem Verweis geführt hatte, ohne daß dieser Vorwurf auf bestimmte Einzelhandlungen bezogen worden war, sah der Gerichtshof in der Verfügung der Disziplinarstrafe „eine endgültige disziplinarische Erledigung sämtlicher der Beklagten (d. h. der Kommission) ... bekanntgewesenen Fälle des „Mißbrauchs dienstlicher Einrichtungen" durch den Kläger"[32].

3. Folgerungen aus RS 18 und 35/65 für den Tatbegriff

Für den Grundsatz „ne bis in idem" brachte die Entscheidung in den RS 18 und 35/65 vor allem die Klarstellung, daß durch dieses Prinzip nicht nur eine doppelte disziplinarische Bestrafung, sondern auch schon die Einleitung eines zweiten Disziplinarverfahrens unzulässig ist[33].

Für die Frage nach dem Tatbegriff im Europarecht erweisen sich die beiden Urteile jedoch als wenig fruchtbar. Weder in den Entscheidungsgründen des Gerichtshofes noch in den Schlußanträgen des Generalanwalts finden sich Ausführungen dazu, nach welchen Kriterien festgestellt werden soll, ob „ein und dieselbe Verfehlung" vorliegt.

Die „Tat", also das, was auf seine inhaltliche Übereinstimmung bzw. Verschiedenheit überprüft werden soll, wird abwechselnd als „Tatsachenkomplex"[34], „Sachverhalt"[35] und „Handlung"[36] bezeichnet.

---

[31] EuGH Slg. XII S. 179; GA Roemer ebenda S. 189 f.
[32] Slg. XIII S. 86.
[33] Slg. XII S. 178. So auch GA Roemer ebenda S. 189.
[34] Slg. XII S. 178; XIII S. 88.
[35] Slg. XII S. 178; GA Roemer ebenda S. 189 f.; Slg. XIII S. 87; GA Roemer ebenda S. 93.
[36] GA Roemer Slg. XII S. 190.

Der Begriff „Sachverhalt" ist inhaltlich zu unscharf und im juristischen Sprachgebrauch zu vielgestaltig, daß von seiner Verwendung auf den Gehalt des Tatbegriffs geschlossen werden könnte.

Der Ausdruck „Handlung" wird lediglich einmal vom Generalanwalt verwandt[37]: Für „eine Identität des Sachverhaltes" komme es nicht darauf an, „welche Handlungen tatsächlich zur Fundierung der Disziplinarentscheidung herangezogen wurden und welche nur Gegenstand von Erörterungen waren". Aus dem Zusammenhang wird ersichtlich, daß hier eadem res als „Identität des Sachverhaltes" angesehen wurde und daß die einzelnen „Handlungen" als dazu in einem untergeordneten Verhältnis stehend verstanden wurden. Daher spricht die Verwendung des Wortes „Handlung" nicht etwa für die Vermutung, der Generalanwalt habe vom Standpunkt der Handlungstheorie aus argumentiert.

Wenn die Frage nach derselben Tat als die Frage nach demselben „Tatsachenkomplex" verstanden wird, so läßt sich dies am leichtesten in die in Deutschland herrschende Lehre von der Tat als „historischem Ereignis" einordnen.

In diese Richtung scheint auch der Umstand zu weisen, daß zur Bestimmung des Gegenstandes des ersten Verfahrens zu klären versucht wurde, welche Tatsachen dort zur Sprache gekommen waren. Diese beiden Indizien vermögen für sich allein aber nicht die Auffassung zu tragen, der EuGH sei von einem rein tatsächlich ausgestalteten Tatbegriff ausgegangen.

Die Entscheidung steht jedoch nicht im Widerspruch zur Theorie der Rechtsgutverletzung: Mangels einer Konkretisierung im einzelnen werden alle bekannt gewordenen unberechtigten Benutzungen dienstlicher Einrichtungen durch den Beamten als abgegolten betrachtet, also sämtliche Angriffe dieses Täters auf dieses Rechtsgut. Die einzig feststehenden Übereinstimmungen sind in der Tat die Identität des Verletzers und diejenige des verletzten Rechtsgutes.

4. Zusammenfassung

Für die Bestimmung des Tatbegriffs im EG-Recht lassen sich aus den einzigen einschlägigen disziplinarrechtlichen Entscheidungen des EuGH keine deutlichen Anhaltspunkte gewinnen. Der EuGH hatte hier keinen Anlaß, den europarechtlichen Tatbegriff zu definieren, da es in dem zu entscheidenden Fall an der für *jede* Form der Bestimmung der Tatidentität erforderlichen Kenntnis derjenigen rechtlichen und tatsächlichen Umstände fehlte, die Entscheidungsgrundlage im ersten Ver-

---

[37] GA Roemer Slg. XII S. 190.

fahren waren. Daß diese Unmöglichkeit der Aufklärung nicht zu Lasten des Täters gehen kann, entspricht dem strafrechtlichen Grundsatz „in dubio pro reo", den der Gerichtshof allerdings nicht ausdrücklich zur Begründung heranzieht.

D. Doppelbestrafung durch Rechtsakte aus dem EG-Recht und aus einer nationalen Rechtsordnung

1. Mögliche Kollisionen

Auf dem Gebiet der EG gelten nebeneinander die kartellrechtlichen Regelungen der Gemeinschaften und diejenigen der einzelnen Mitgliedstaaten. Auf ein bestimmtes wettbewerbsbeschränkendes Verhalten ist daher regelmäßig neben den EG-Rechtsnormen das Kartellrecht eines oder mehrerer Mitgliedstaaten anzuwenden[38]. Durch die Beteiligung von Unternehmen, die außerhalb der EG ansässig sind, oder durch die Auswirkungen eines Wettbewerbsverstoßes auf den Markt eines Drittstaates kann die Zuständigkeit der Kartellrechtsordnung von Nichtmitgliedstaaten hinzukommen. Denkbar ist auch eine Konkurrenz lediglich zwischen der Rechtsordnung der EG und drittstaatlichen Rechten: z. B. ein Kartell amerikanischer Firmen, das sich auf dem Markt innerhalb der Gemeinschaft auswirkt. Allerdings wird wegen der damit verbundenen Auswirkungen auf die nationalen Märkte in der EG regelmäßig auch für solche Verstöße eine nationale Zuständigkeit eines Gemeinschaftsstaates gegeben sein.

Die meisten nationalen Kartellrechtsverordnungen sehen Möglichkeiten vor, wettbewerbsbeschränkendes Verhalten mit Sanktionen zu belegen, die über zivilrechtlichen Schadensersatz hinausgehen, meist in Form von Geldbußen oder Zwangsgeldern[39]. Innerhalb der jeweiligen nationalen Rechtsordnung gilt für diese ausschließlich repressiven Sanktionen — ohne Rücksicht auf ihre Zuordnung zum Straf- oder Verwaltungsrecht —[40] das Verbot der Doppelbestrafung[41].

Daß auch das Recht der EG dieses Verbot nicht nur für den ausdrücklich geregelten Fall der Disziplinarstrafe, sondern ganz allgemein anerkennt, folgt daraus, daß allgemeine Rechtsgrundsätze, die in allen Mitgliedstaaten gelten, auch im EG-Recht anzuwenden sind[42] [43]. Auch

---

[38] *Schwartz*, Intern. Kartellrecht, S. 9; *Becker*, Kompetenzabgrenzung, S. 48.
[39] Vgl. hierzu die ausführliche Darstellung bei *Winkler* S. 30 ff.
[40] Vgl. oben Teil 2 A für das Recht der EG.
[41] *Winkler* S. 77, FN 436 m. w. N. und S. 99 f.
[42] Nach h. M. handelt es sich dabei um eine analoge Anwendung des Art. 215 II EWGV. Vgl. *Feige*, Gleichheitssatz, S. 130 ff.; *Mestmäcker* BB 1968 S. 1303; *Sandberger* S. 48 ff.; *Winkler* S. 30 ff. So auch der EuGH Slg III 118 ff.; III 200; IV 257; V 313; VI 842 f.

spricht der EuGH in seinen Urteilen in den verbundenen RS 18 und 35/65 immer ganz generell von dem Grundsatz „ne bis in idem"[44], ohne auf Art. 86 § 3 des Personalstatuts Bezug zu nehmen.

Damit steht jedoch nur fest, daß eine Doppelbestrafung aufgrund desselben Sachverhaltes durch die Organe der Gemeinschaft nicht erfolgen darf.

Eine Erstreckung dieses Grundsatzes auf die Bestrafung sowohl durch die EG-Kommission wie auch durch eine nationale Behörde ist nicht ohne weiteres möglich. Anders als im Fall der doppelten Sanktion innerhalb derselben Rechtsordnung gibt es keinen allgemeinen Grundsatz in den Mitgliedstaaten, der die Einleitung eines zweiten Verfahrens und die erneute Bestrafung verbietet, wenn das erste Verfahren im Ausland durchgeführt wurde[45].

Eine ausländische Vorverurteilung löst lediglich im niederländischen Strafrecht[46] ohne Einschränkung die Sperrwirkung aus.

Im französischen Recht[47] gilt zwar eine entsprechende Regelung. Sie wird jedoch nach der Rechtsprechung[48] dann nicht angewandt, wenn nur ein Teil der Tatbestandserfüllung im Inland stattgefunden hat. Da bei grenzüberschreitenden Kartellen praktisch immer ein Bestandteil der gesetzlichen Voraussetzungen im (französischen) Inland verwirklicht wird, ist im französischen Kartellstrafrecht eine früher ergangene ausländische Sanktion ohne Auswirkung.

Das belgische[49] und das luxemburgische Recht[50] sehen teilweise das Verbot eines neuerlichen Verfahrens, teilweise die Anrechnung einer ausländischen Vorverurteilung vor.

In der Bundesrepublik Deutschland[51] und in Italien[52] dagegen hindert eine Verurteilung im Ausland wegen derselben Sache grundsätzlich nicht die Durchführung eines zweiten Verfahrens. Allerdings ist die bereits verbüßte Strafe auf die zweite Sanktion anzurechnen.

---

[43] Ausdrücklich für die Geltung von „ne bis in idem" im EG-Recht *Mestmäcker* BB 1968 S. 1303; *Winkler* S. 99 f.
[44] Slg XII S. 178 ff. und XIII S. 86 ff.
[45] *Johannes* ZStW 83 (1971) S. 569; *Winkler* S. 100 f.
[46] Art. 68 Wetboek van strafrecht.
[47] Art. 692 Code de Procédure Pénale.
[48] Cour de Cassation Chambre Criminelle Gazette du Palais 6/9-II-1971.
[49] Art. 13 Code de l'Instruction Criminelle.
[50] Art. 5 Code de l'Instruction Criminelle.
[51] § 51 StGB.
[52] Art. 138 Codice Penale.

2. RS 14/68 (Farben-Fall)

In der RS 14/68 war der Gerichtshof erstmals mit der Frage befaßt, ob das Verbot der Doppelbestrafung auch Auswirkungen auf Sanktionen hat, die von der Kommission und von einer nationalen Behörde gegen dasselbe Kartell verhängt wurden[53]:

Das Kammergericht Berlin hatte einen Bußgeldbescheid zu überprüfen, den das Bundeskartellamt gegen eine internationale Gruppe von Farbenherstellern erlassen hatte. Während dieser Prozeß beim Kammergericht anhängig war, war gegen dieses Kartell bei der Kommission der EG ein Verfahren nach Art. 15 VO 17 eingeleitet worden. Das KG legte daher dem EuGH gem. Art. 177 EWGV u. a. die Frage zur Vorabentscheidung vor, ob nicht „die Gefahr der Doppelsanktion" einem der Verfahren entgegenstehe, wenn wegen „einer einheitlichen Handlung" gleichzeitig Verfahren bei der Kommission und bei einer nationalen Kartellbehörde anhängig sind[54].

Ausgangspunkt der Entscheidung des Gerichtshofes ist seine Feststellung, Art. 85 EWGV und die staatlichen Kartellgesetzgebungen hätten verschiedene Schutzrichtungen: Art. 85 habe „den Handel zwischen den Mitgliedstaaten" im Auge, während die nationalen Kartellrechte „von ihren Erwägungen" ausgingen[55]. Wegen dieser unterschiedlichen Gesichtspunkte könne dasselbe Kartell grundsätzlich Gegenstand zweier paralleler Verfahren sein[56]. Die damit verbundene Möglichkeit einer Doppelsanktion könne daran nichts ändern. Der in Art. 90 II EGKSV zum Ausdruck gekommene allgemeine Billigkeitsgrundsatz gebiete jedoch die Berücksichtigung der früheren Sanktion bei der Bemessung der späteren[57].

Damit hat der EuGH entschieden, daß für das Recht der EG im Verhältnis zu den Rechtsordnungen der Mitgliedstaaten bei einer Sanktion wegen derselben Tat das Anrechnungsprinzip anzuwenden ist. Inzidenter hat er damit auch anerkannt, daß Fälle möglich sind, in denen „der gleiche Sachverhalt"[58] sowohl gegen Gemeinschaftsrecht als auch gegen nationales Recht verstoßen kann.

Über die Maßstäbe, anhand deren festgestellt werden soll, wann der „gleiche Sachverhalt", also Tatidentität vorliegt, hat sich der Gerichts-

---

[53] EuGH Slg XV S. 1 ff. = EuR 1969 S. 147 ff.
[54] KG EuR 1969 S. 148 Fragen 1 und 2.
[55] EuGH EuR 1969 S. 149 oben.
[56] Für den Fall, daß das nationale Verfahren die einheitliche Anwendung des gemeinschaftlichen Kartellrechts und die volle Wirksamkeit der zu seinem Vollzug ergangenen Maßnahmen beeinträchtigt, soll dies nicht „statthaft" sein.
[57] EuGH EuR 1969 S. 150.
[58] EuGH EuR 1969 S. 150.

hof nicht geäußert. Dazu bestand auch für ihn im konkreten Fall kein Anlaß, denn das KG hatte danach nicht gefragt, sondern es hatte das Vorliegen „einer einheitlichen Handlung" vorausgesetzt[59].

Dennoch kann dieser Entscheidung ein Teilergebnis für die Frage nach dem Tatbegriff des Europarechts entnommen werden: Der Gerichtshof hat „eine einheitliche Handlung" als Voraussetzung für das Eingreifen des „ne bis in idem"-Prinzips dadurch anerkannt, daß er die entsprechend formulierte Frage des KG akzeptierte. Bei ihrer Beantwortung geht er — stillschweigend — davon aus, daß eine einheitliche Handlung grundsätzlich imstande ist, das Doppelbestrafungsverbot auszulösen: Nur die Verschiedenheit der „Ziele", denen die verwirklichten Tatbestände dienen, soll der unmittelbaren Anwendung des Doppelstrafverbotes entgegenstehen; an einem Merkmal des Tatbegriffs fehlt es jedoch nicht. Daraus ist zu folgern, daß jedenfalls dann, wenn eine „einheitliche Handlung" Tatbestände verwirklicht, die denselben „Zielen" dienen, auch nach dem vom EuGH angewandten Tatbegriff eadem res gegeben ist.

3. RS 7/72 (Chinin-Fall)

Erst knappe vier Jahre später befaßte sich der EuGH in der RS 7/72 erneut mit dem Problem der Tatidentität.

a) Dem Urteil lag folgender Sachverhalt zugrunde: Die deutsche Firma Boehringer (B.) hatte einem Kartell der auf dem Weltmarkt bedeutendsten Hersteller von Chininprodukten angehört. Die Firmen hatten Vereinbarungen bzw. gentlemen's agreements getroffen über

- aa) Reservierung der Heimatmärkte
- bb) Verkaufspreise in den Heimatländern
- cc) Preise und Quoten für den Verkauf in den EG-Staaten
- dd) Preise und Quoten für den Export in Drittländer, bes. in die USA
- ee) Aufteilung des Rohstoffmarktes
- ff) Aufkauf von US-Heeresbeständen

Im Juli 1969 wurde B. von dem US-District Court of New York im nolo-contendere-Verfahren[60] wegen ihrer Zugehörigkeit zu diesem Kartell zu einer Geldstrafe von 80 000 US-Dollar verurteilt, die sogleich bezahlt wurden.

---

[59] KG EuR 1969 S. 148 Frage 1.

[60] Dabei handelt es sich um eine dem angloamerikanischen Rechtskreis eigentümliche Verfahrensart: Der Angeklagte erklärt auf die Anklage, er wolle sich nicht gegen sie wehren. Damit kann in diesem Verfahren auf der Tatsachengrundlage der Anklage ein Urteil ergehen. Dieses Verhalten hat jedoch in weiteren Verfahren im Verhältnis zu dem Angeklagten keine präjudizierende Wirkung.

D. Doppelbestrafung durch EG-Recht und nationales Recht

Wenige Tage später setzte die EG-Kommission gegen B. eine Geldbuße von 190 000 Rechnungseinheiten fest, die in dem anschließenden Verfahren RS 45/69[61] vom EuGH auf 180 000 Rechnungseinheiten herabgesetzt wurde. Schon in diesem Verfahren hatte B. vorgetragen, beide Sanktionen seien wegen derselben Tat ergangen; entsprechend den Grundsätzen aus RS 14/68 sei die amerikanische Strafe auf die Geldbuße anzurechnen. Ob der Gerichtshof darüber befinden könne, obwohl die Kommission noch nicht über die Anwendung entschieden habe, wurde ins Ermessen des Gerichts gestellt.

In den Entscheidungsgründen widmet der EuGH dieser Frage nur die folgenden beiden Sätze: „Diese Sanktion (d. h. die US-Geldstrafe) ist jedoch nur für Wettbewerbsbeschränkungen verhängt worden, die außerhalb der Gemeinschaft begangen wurden. Sie ist daher im vorliegenden Rechtsstreit nicht zu berücksichtigen."

Nach Erlaß dieses Urteils beschied die Kommission den Antrag auf Anrechnung der in New York gezahlten 80 000 US-Dollars abschlägig[62]. Dabei sah sie sich an einer Sachentscheidung nicht durch das Urteil in der RS 45/69 gehindert, weil über die Anrechnung vom Gerichtshof noch nicht abschließend entschieden worden sei. Eine Anrechnung komme jedoch bei Sanktionen in Drittländern nicht in Betracht. Außerdem liege auch die Voraussetzung für eine Anrechnung, nämlich dieselbe Tat, aus zwei Gründen nicht vor:

— Gegenstand der Verurteilungen seien jeweils verschiedene Handlungen, einmal solche, die den Wettbewerb in den USA eingeschränkt hätten, im anderen Fall solche, die den Wettbewerb zwischen den EG-Staaten beeinträchtigt hätten. Auch wenn beide Verhaltensweisen auf denselben Komplex von Vereinbarungen zurückzuführen seien, so habe dies dennoch keine Tatidentität zur Folge, da für deren Bestimmung im Kartellrecht nicht auf die Vereinbarung, sondern auf die Ausführungshandlung und auf die verletzten Rechtsgüter abzustellen sei[63].

— Dieselbe Tat soll auch deshalb nicht vorgelegen haben, weil sich die Kommission in ihrer Entscheidung im wesentlichen auf die den Markt in der Gemeinschaft betreffenden Vereinbarungen [oben aa) bis cc)], nicht auf die den Export, den Rohstoffmarkt und die US-Heeresbestände betreffenden Abmachungen [oben dd) bis ff] gestützt habe[64].

---

[61] Slg. XVI S. 769 ff.
[62] Entscheidung der Kommission vom 25. 11. 71 ABL. L 282/46 vom 23. 12. 71.
[63] EG-Kommission a.a.O. Ziff. 13.
[64] EG-Kommission a.a.O. Ziff. 14.

Die Kommission macht damit deutlich, daß nach ihrer Ansicht die „Tat" bestimmt wird durch die Elemente *Tathandlung* und *Rechtsgutverletzung*.

Nicht zur „Tat" gehören nach dieser Auffassung diejenigen Verhaltensweisen, die zwar in einem unmittelbaren räumlichen und zeitlichen Zusammenhang mit der Tatbestandsverwirklichung stehen, jedoch selbst nicht tatbestandsverwirklichende Akte sind.

Die Kommission verwendet also einen *materiell*-rechtlichen Tatbegriff, der mit der in Deutschland herrschenden Meinung von der Tat als einheitlichem historischem Ereignis[65] nicht zu vereinbaren ist. Die Entscheidung der Kommission stützt jedoch die hier vertretene Ansicht, daß die Tat durch die Identität von verletztem Rechtsgut und Verletzungshandlung zu bestimmen ist[66].

b) Die Anfechtung dieser Kommissionsentscheidung wurde vom EuGH (RS 7/72) als unbegründet abgewiesen[67].

Der Gerichtshof hielt in diesem Fall zwei Problemkreise für entscheidungserheblich:

aa) Da es sich bei der US-Strafe um die Sanktion eines Drittstaates handelt, war zu klären, ob eine Anrechnung auf die EG-Geldbuße, wie sie nach RS 14/68 für Sanktionen aus Mitgliedstaaten vorgeschrieben ist, auch bei Strafen stattfindet, die ein Drittstaat verhängt hat.

bb) Es mußte untersucht werden, ob beide Sanktionen dieselbe Tat ahnden.

Im konkreten Fall mußte eine Anrechnung nur dann erfolgen, wenn beide Fragen positiv zu beantworten waren. Ein systematischer Vorrang gebührt allerdings der ersten Frage. Sie betrifft die Existenz eines Rechtssatzes mit dem Inhalt, auch Drittstaatssanktionen seien anzurechnen.

Die zweite Frage setzt diesen Rechtssatz voraus und gilt seinem zentralen Tatbestandsmerkmal, derselben Tat.

Der Gerichtshof folgt diesen systematischen Erwägungen nicht: Ob eine Pflicht zur Anrechnung bestehen kann, „braucht nur entschieden zu werden, wenn die ... vorgeworfenen Handlungen identisch sind[68]." In der Folge kommt der EuGH zu dem Ergebnis, daß die Identität der Handlungen nicht dargetan sei, weswegen er ohne weitere Erörterung der Anrechnungspflicht die Klage abweist.

---

[65] Vgl. oben Teil 1 B 2.
[66] Vgl. oben Teil 1 B 5 e.
[67] Slg. XVIII S. 1281 ff.
[68] Slg. XVIII S. 1290 Ziff. 3.

D. Doppelbestrafung durch EG-Recht und nationales Recht

Es wird also offen gelassen[69], ob der geschilderte Rechtssatz im EG-Recht gilt. Die Entscheidung befaßt sich nur mit dem wesentlichen Tatbestandsmerkmal des — möglicherweise existenten — Rechtssatzes, das sie im konkreten Fall als nicht gegeben erachtet.

Diese Methode, eine vorrangige Frage nicht zu entscheiden, weil das Fehlen einer nachgeordneten Voraussetzung auf jeden Fall eine im Ganzen negative Entscheidung zur Folge hat, ist bei höchstrichterlichen Urteilen nicht selten. Sie findet ihre Berechtigung in der (oft weisen) Selbstbeschränkung höchster Gerichte, die faktische Gesetzesgleichheit ihres Spruches nur soweit auszudehnen, wie es zur Entscheidung des konkreten Falles erforderlich ist.

c) Die die Anrechnung ablehnende Entscheidung wird getragen von der Feststellung, daß die in beiden Verfahren „vorgeworfenen *Handlungen*"[70] nicht identisch seien[71].

Lediglich dort, wo er sich auf das seit RS 14/68[72] gesicherte Anrechnungsprinzip innerhalb der Gemeinschaftsstaaten bezieht, spricht der Gerichtshof von *derselben Tat*[73].

Dem Wortlaut allein ist nicht eindeutig zu entnehmen, ob der Gerichtshof Tatidentität und Handlungsidentität gleichsetzt oder ob für die Anrechnung von Drittländersanktionen eine engere Voraussetzung in Gestalt der Handlungsidentität gelten soll. Im letzteren Falle hätte man allerdings auch dann eine eindeutige Erwähnung in den Gründen erwarten dürfen, wenn man die traditionelle lapidare Kürze der Entscheidungsbegründungen des EuGH in Rechnung stellt.

Der unmittelbare Übergang von „derselben Tat" zu den „identischen Handlungen" fügt sich jedoch dann bruchlos in das Argumentationsgefüge ein, wenn für den EuGH beide Begriffe denselben Inhalt haben, wenn also die Tatidentität durch die Identität der Tathandlungen bestimmt wird. Die gesamte Urteilsbegründung befaßt sich ausschließlich mit der Frage, ob durch die US- und die EG-Sanktion dieselben *Handlungen* bestraft wurden. Es findet sich nicht der geringste Anhaltspunkt dafür, daß die Verknüpfung zu einer Tat durch ein anderes Kriterium

---

[69] Es ist daher irreführend und vom Wortlaut der Begründung nicht gedeckt, wenn es im Leitsatz zur Veröffentlichung in der amtlichen Sammlung (Slg. XVIII S. 1281) heißt, Sanktionen von Drittländern seien nur anzurechnen, wenn die jeweils in Betracht gezogenen Handlungen identisch sind.

[70] Slg. XVIII S. 1290 Ziff. 3 und S. 1291 Ziff. 5 und 6.

[71] Aus deutscher Sicht ist bemerkenswert, daß das verurteilte Unternehmen nach der Auffassung des EuGH „die Identität der Handlungen darzutun" hat. Diese Anwendung der zivilprozessualen Beweislastregelung im Bußgeldverfahren, das letztlich der Verwirklichung materiellen Strafrechts dient, begegnet allergrößten Bedenken.

[72] Siehe hierzu ausführlich oben Teil 2 D 2.

[73] Slg. XVIII S. 1290 Ziff. 3.

52 Teil 2: Bisherige Behandlung der Tatidentität im Kartellrecht der EG

als die Handlungsidentität bewirkt werden könnte. Dieses Urteil legt daher den Schluß nahe, daß nach der Ansicht des EuGH Identität der Tat nur bei *Handlungsidentität* bestehen kann.

d) Bei seiner — apodiktischen — Untersuchung der jeweils geahndeten Handlungen kommt der Gerichtshof zum Ergebnis, daß diese zwar auf denselben Komplex von Vereinbarungen zurückgehen, aber „in ihrem Kern sowohl nach ihrem *Zweck* als auch nach ihrem *geographischen Schwerpunkt* Unterschiede"[74] aufweisen.

Diese Unterschiede haben nach der Ansicht des EuGH zur Folge, daß die in den USA und von der EG-Kommission bestraften Handlungen nicht identisch sind und somit verschiedene Taten darstellen.

„Zweck" und „geographischer Schwerpunkt" tatbestandsmäßiger Handlungen sind — zumindest nach deutschem Rechtsdenken — frappierende Kriterien zur Feststellung der Tatidentität. Sie bedürfen daher einer näheren Betrachtung.

*4. Der „Zweck" und der „geographische Schwerpunkt"
einer Handlung bei der Bestimmung der Tatidentität*

Der Inhalt des Handlungsbegriffs ist eines der am längsten und ausführlichsten diskutierten Probleme der Strafrechtswissenschaft überhaupt[75]. Insbesondere bei der Frage, ob die über den eigentlichen Verhaltensakt hinausgehende Zweckbestimmung durch den Handelnden Bestandteil der Handlung ist, unterscheiden sich die beiden bedeutendsten dogmatischen Ansätze, die kausalen und die finalen Handlungslehren[76].

a) Die Vertreter der kausalen Handlungslehren sehen die Handlung als willensgetragenes menschliches Verhalten, bei dem der Handlungswille lediglich auf die unmittelbare körperliche Betätigung gerichtet sein muß[77].

---
[74] Slg. XVIII S. 1290 Ziff. 4.
[75] Die umfangreiche Literatur kann hier nur auszugsweise genannt werden: *Baumann,* Schuld und Verantwortung, JZ 1962 S. 41; LB S. 193 ff.; *Engisch,* Der finale Handlungsbegriff, in Fschr. f. Kohlrausch S. 141 ff.; *Jescheck,* Der strafrechtliche Handlungsbegriff in dogmengeschichtlicher Entwicklung, in Fschr. f. Eb. Schmidt S. 139 ff.; *Maihofer,* Der Handlungsbegriff im Verbrechenssystem, 1953; *Niese,* Finalität, Vorsatz und Fahrlässigkeit, 1951; *Noll,* Der strafrechtliche Handlungsbegriff, in Krim.Schr.Reihe Bd. 54 S. 21 ff.; *Radbruch,* Der Handlungsbegriff in seiner Bedeutung für das Strafrechtssystem, 1904; *Stratenwerth,* Die Bedeutung der finalen Handlungslehre für das schweizerische Strafrecht, SchwZStr. Bd. 81 S. 179; *Welzel,* Um die finale Handlungslehre, 1949; LB § 8.
[76] Im Rahmen der vorliegenden Untersuchung ist eine detaillierte Auffächerung der Meinungen nicht erforderlich. Dieser Umstand rechtfertigt eine generalisierende Einordnung und die Verwendung dieser vereinfachenden Bezeichnungen.

D. Doppelbestrafung durch EG-Recht und nationales Recht

Ob bei dem Handelnden weitergehende Determinanten vorliegen, etwa hinsichtlich eines bestimmten (tatbestandsmäßigen) Erfolges, bleibt ausdrücklich außer Betracht. In Verbindung mit der im Strafrecht allgemein anerkannten Gleichwertigkeit aller Bedingungen ergibt dieser weite Handlungsbegriff für jeden strafrechtlich relevanten Erfolg eine unendliche Vielzahl von tatbestandserfüllenden Handlungen (vgl. das berühmte Beispiel von der Zeugung eines Mörders = Handlung nach § 211 StGB).

Mit der Feststellung einer tatbestandsmäßigen Handlung wird nur „eine erste Ausscheidung"[78] bezweckt. Die Handlung wird nur so betrachtet, wie sie in die soziale Wirklichkeit tritt, ohne die subjektiven Tendenzen, die ihr der Handelnde beigegeben hat[79].

b) Die finale Handlungslehre[80] knüpft ihre Betrachtung daran an, daß am Beginn jeder menschlichen Handlung die Bestimmung des Handlungszweckes steht. Darauf folgt die Auswahl der Mittel, mit deren Hilfe dieses gesetzte Ziel erreicht werden soll. Die Verwirklichung schließlich transponiert die im Innern des Menschen angesiedelten ersten beiden Elemente in die Außenwelt. Nur alle drei Teilakte zusammen bilden eine menschliche Handlung. Die finale Steuerung ist daher nach dieser Ansicht notwendige Voraussetzung jeder Handlung, auch der Tatbestandserfüllung im Strafrecht. Dies hat zur Folge, daß ein bestimmtes körperliches Verhalten eine je nach seiner subjektiven Zielrichtung verschiedene Handlung darstellt: der (äußerlich identische) Druck auf einen Knopf ist eine andere Handlung, je nachdem, ob dadurch eine Klingel oder eine Höllenmaschine in Tätigkeit versetzt werden soll.

c) Der Vergleich der hier nur schlaglichtartig skizzierten Handlungslehren ergibt, daß die Zweckbestimmung einer Handlung nur dann zu ihrer Kennzeichnung und zur Abgrenzung von anderen Handlungen dienen kann, wenn man den finalen Handlungslehren folgt.

Dennoch erscheint es fraglich, ob hieraus schon der Schluß gezogen werden darf, der EuGH verwende den Begriff „Handlung" im Sinne dieser Lehren als zwecktätiges Verhalten, schließe also den Zweckzusammenhang des Verhaltensaktes in seinen Handlungsbegriff ein. Die

---

[77] So insbesondere *Baumann* LB S. 193 ff.; *Heimann / Trosien* in LK Einl. Anm. 31 ff. Einschränkend *Mezger / Blei* StB I S. 54 ff.; *Schönke / Schröder* Rdn. 34 vor § 13; Vgl. aber auch *Engisch* a.a.O.; *Radbruch* a.a.O. S. 104; *Roxin*, Zur Kritik der finalen Handlungslehre, ZStW Bd. 74 S. 715 ff.

[78] *Baumann* LB S. 211; *Schönke / Schröder* Rdn. 40 vor § 13.

[79] Eine Ausnahme hiervon sind die subjektiven Tatbestandsmerkmale. Vgl. z. B. *Baumann* LB S. 129 ff. und S. 291 ff. und den Versuch einer völlig neuen dogmatischen Einordnung bei *Sax* JZ 1976 S. 9 ff. bes. S. 13 f.

[80] *H. Mayer* AT S. 42; *Stratenwerth* a.a.O.; *Welzel* LB S. 33 ff.

vom Gerichtshof zum „Zweck" und zum „geographischen Schwerpunkt" gegebenen Erläuterungen[81] lassen sich nämlich zwanglos dahin zusammenfassen, die amerikanische Verurteilung betreffe vor allem Handlungen, die den Wettbewerb in den USA beeinträchtigten, die EG-Geldbuße dagegen ahnde Wettbewerbsverstöße innerhalb des Gemeinsamen Marktes.

Damit ist aber lediglich eine Selbstverständlichkeit ausgedrückt. Die Beschränkung der Strafbarkeit auf Wettbewerbsbeeinträchtigungen im jeweiligen Geltungsbereich ist teilweise ohnehin im Tatbestand expressis verbis festgelegt[82]. Sie ergibt sich aber auch ohne eine solche Regelung aus dem Grundsatz, daß eine nationale Rechtsordnung nicht zum Schutz speziell fremdstaatlicher Rechtsgüter berufen ist[83].

Der vom EuGH herausgestellte Unterschied im angestrebten Zweck ist demnach bereits im Tatbestand enthalten und daher bei der Kollision verschiedener Sanktionen aus demselben, mehrere Rechtsordnungen tangierenden wirtschaftlichen Zusammenhang notwendig vorhanden.

d) Entsprechendes gilt für den „geographischen Schwerpunkt" einer tatbestandserfüllenden Handlung: Ohne Rücksicht auf den Ort, an dem die Verhaltensakte vorgenommen werden, wird bei Erfolgsdelikten der Schwerpunkt der Tatbestandserfüllung regelmäßig am Ort des Erfolgseintritts zu suchen sein. Im Kartellstrafrecht, das ausschließlich nach der Einschränkung des Wettbewerbs innerhalb der betreffenden Rechtsordnung fragt, bedeutet dies, daß der Schwerpunkt der jeweiligen Tatbestandserfüllung zwangsläufig im Geltungsbereich eben dieser Rechtsordnung liegt.

e) Es kann somit festgestellt werden, daß die vom EuGH verwandten Kriterien des „Zweckes" und des „geographischen Schwerpunktes" der bestraften Handlungen nicht die diesen Begriffen zugedachte Funktion erfüllen können. Sie sind für die Entscheidung über die Tatidentität nicht brauchbar, denn bei ihrer konsequenten Anwendung wäre im Kartellstrafrecht die Feststellung einer Tat immer dann ausgeschlossen, wenn ein wirtschaftlich zusammenhängender Komplex nach verschiedenen Rechtsordnungen zu beurteilen ist.

---

[81] Slg. XVIII S. 1290 Ziff. 5.

[82] So z. B. Art. 85, 86 EWGV; zum belgischen und französischen Recht vgl. die Ausführungen bei *Deringer* Art. 85 Anm. 29.

[83] *Bergmann*, Begehungsort S. 42; *Oehler* in Festschr. f. Mezger S. 99; vgl. auch § 98 II GWB.

D. Doppelbestrafung durch EG-Recht und nationales Recht

5. *Zusammenfassung*

Die Rechtsprechung des EuGH zum Inhalt und zu den Voraussetzungen des Doppelstrafverbots im EG-Recht hatte bisher folgende Ergebnisse:

Das Prinzip „ne bis in idem" bewirkt innerhalb des EG-Rechts das Verbot einer erneuten Verfolgung und Bestrafung wegen derselben Tat (Verb. RS 18 und 35/65).

Die vorhergehende Sanktion eines EG-Mitgliedstaates hindert nicht die erneute Verfolgung durch Gemeinschaftsorgane, bereits vollstreckte Strafen sind jedoch anzurechnen (RS 14/68).

Die Anwendung des Anrechnungsprinzips auf Sanktionen von Drittstaaten ist offengelassen (RS 7/72).

Der EuGH verwendet einen materiellen Tatbegriff, die Tat wird bestimmt durch die Tathandlung (RS 7/72).

Der Verweis auf den Handlungszweck legt die Vermutung nahe, daß der EuGH von einem finalen Handlungsbegriff ausgeht.

Teil 3

Identität der Handlung und Identität der Rechtsgutverletzung als Kriterien der Entscheidung von Kollisionen nationaler Kartellsanktionen mit EG-Geldbußen

Im folgenden ist zu untersuchen, ob und in welcher Weise die oben für das deutsche Recht gefundenen Maßstäbe für die Entscheidung über die Tatidentität (Identität von Tathandlung oder Rechtsgutverletzung) für das Kollisionsproblem zwischen nationalen und gemeinschaftsrechtlichen Kartellsanktionen nutzbar gemacht werden können.

A. Handlungsidentität im Kartellstrafrecht

Soweit die hier vertretene Auffassung die Handlung zur Entscheidung über die Tatidentität heranzieht, befindet sie sich rein formal in Übereinstimmung mit dem EuGH[1]. Dennoch bedarf es auch hier einiger Klarstellungen.

Es wurde bereits oben dargelegt, daß die vom EuGH bisher vorgenommene Abgrenzung anhand des Zwecks und des geographischen Schwerpunktes erheblichen Bedenken begegnet. Zwar wird man sich bei der Gestaltung und Anwendung europarechtlicher Begriffe davor hüten müssen, die Vorstellungen aus den Rechtsordnungen einzelner Mitgliedsstaaten isoliert auf das Gemeinschaftsrecht zu übertragen. Aus deutscher Sicht darf jedoch — zumindest in diesem Einzelfall — bedauert werden, daß der EuGH die Begründungen seiner Entscheidungen nicht ähnlich detailliert ausführt, wie das von deutschen Gerichten erwartet wird.

Die Entscheidung über die fehlende Identität der Tatausführungshandlungen in RS 7/72 wird dadurch, daß nicht die einzelnen Verhaltensakte untersucht werden, praktisch nicht nachvollziehbar. Der europarechtliche Tatbegriff hätte durch eine gesonderte Behandlung der sechs Bereiche, in denen das internationale Chinin-Kartell gegen Art. 85 EWGV verstieß[2], mindestens in Umrissen Gestalt gewinnen können. Dies hätte sehr im Interesse der Rechtssicherheit bei der zunehmenden — sehr erwünschten — Verflechtung der nationalen Märkte gestanden.

---

[1] RS 7/72, Slg. XVIII S. 1290 f. und oben Teil 2D 3c.
[2] RS 45/69, Slg. XVI S. 791 ff.

A. Handlungsidentität im Kartellstrafrecht

Identität der Handlung im Sinne der hier vertretenen Auffassung ist nur dann als Kriterium zur Bestimmung der Tatidentität brauchbar, wenn jeweils die zur Tatbestandsverwirklichung führenden Verhaltensakte konkret festgestellt und miteinander verglichen werden. Ist dabei eine mindestens teilweise Überdeckung festzustellen, so ist Tatidentität anzunehmen.

Bei dieser Forderung nach einer konkreten Herausarbeitung der tatbestandsmäßigen Handlung darf allerdings nicht verkannt werden, daß dies im Bereich des Kartellstrafrechts nicht in demselben Umfang erfolgen kann, wie es beispielsweise bei der Beurteilung einer Körperverletzung möglich ist. Aus der eingangs der Teile 1 und 2³ gegebenen Darstellung der Tatbestände ist ersichtlich, daß eine Konkretisierung darauf beschränkt werden muß, daß die jeweiligen „kaufmännischen" Verhaltensweisen — die in Verstoß gegen die Vorschriften des GWB bzw. der Art. 85, 86 EWGV abgeschlossenen Rechtsgeschäfte und abgegebenen Erklärungen —, diejenigen Handlungen sind, deren Übereinstimmung das wettbewerbsbeschränkende Verhalten für das Kartellstrafrecht zu *einer Tat* werden läßt.

Ist der Inhalt einer Kartellvereinbarung bekannt, sind die entsprechenden Feststellungen ohne größere Schwierigkeiten zu treffen: Im Vergleich der von den betreffenden Unternehmen getätigten Geschäfte läßt sich feststellen, ob deren kaufmännisches Verhalten den Abreden entspricht.

Umgekehrt kann aber auch aus dem Unterlassen des aus kaufmännischer Sicht gebotenen Wettbewerbs auf Bestand und Inhalt eines Kartells geschlossen werden.

Der Nachweis ist hier jedoch sehr viel schwieriger zu führen[4]. Erst die umfangreiche Überprüfung der Geschäfte der mutmaßlichen Kartellpartner kann hier den Nachweis des wettbewerbswidrigen Verhaltens führen. Zum Beleg eines vermuteten Gebietskartells muß zusätzlich noch festgestellt werden, daß in einem räumlich abgegrenzten Bereich die kaufmännisch gebotene Konkurrenz mit den möglichen Kartellpartnern unterblieben ist.

Im Fall des vom EuGH entschiedenen Chinin-Kartells läßt sich diese Prüfung anhand der veröffentlichten Unterlagen nicht im einzelnen

---

[3] Vgl. oben Teil 1 A 3 und Teil 2 B.
[4] Auf die allgemein im Bereich des Wirtschaftsstrafrechts bestehenden Beweisschwierigkeiten, insbesondere bei den subjektiven Tatbestandsmerkmalen und beim Vorsatz hat jetzt *Tiedemann*, Entwurf eines 1. WiKG, in ZStW 87 (1975), S. 278 ff. eindringlich aufmerksam gemacht. Er hält eine wirksame Bekämpfung der Wirtschaftskriminalität nicht für möglich, wenn nicht entweder das Beweisrecht oder die Beweispraxis der Gerichte grundlegend geändert oder materiell-rechtliche Auffangtatbestände geschaffen werden.

durchführen. Bereits aus dem Inhalt der Vereinbarung[5] ergibt sich jedoch eine Überschneidung zwangsläufig: Die Verabredung von Preisen und Quoten für den Export aus Europa in die USA berührt auf jeden Fall beide Wirtschaftsbereiche. Die in Ausführung dieser Absprache getätigten Geschäfte verletzten gleichzeitig die US- und die EG-Wirtschaftsordnung. Nach der hier vertretenen Auffassung muß bereits diese teilweise Identität der zur Verurteilung führenden Handlungen zur Annahme von Tatidentität führen.

B. Identität der Rechtsgutverletzung im Kartellstrafrecht

Die Bestimmung der Rechtsgutverletzung setzt Klarheit über Inhalt und Umfang des möglicherweise verletzten Rechtsgutes voraus. Zur Verwendung der Identität der Rechtsgutverletzung bei der Bestimmung der Tatidentität im Verhältnis von nationalen und europarechtlichen Kartellstrafen ist es daher erforderlich, daß für beide Wettbewerbsrechte das geschützte Rechtsgut bestimmt wird. Dabei wird vor allem zu prüfen sein, in welchen Beziehungen die Schutzgüter zueinander stehen.

1. Rechtsgut im allgemeinen Strafrecht

a) Begriff

Es besteht innerhalb der Strafrechtswissenschaft weitgehend Einigkeit darüber, daß es Aufgabe des Strafrechts sei, bestimmte, vom Gesetzgeber für besonders wichtig gehaltene, Rechtsgüter durch die Pönalisierung ihrer Beeinträchtigung zu schützen[6].

Dagegen herrscht keine Übereinstimmung in der Frage, wie der Begriff „Rechtsgut" inhaltlich zu bestimmen ist. Die Schwierigkeit wird vor allem darin gesehen, einen materiellen, also dogmatisch inhaltserfüllten[7] Rechtsgutbegriff zu finden, der gleichzeitig so weit ist, daß er alle Objekte kriminellen Verhaltens umfaßt[8][9].

---

[5] Näher oben Teil 2 D 3.
[6] *Baumann* LB S. 16 f, 142 ff; *Jescheck* LB S. 193; *Marx*, Zur Definition des Begriffs Rechtsgut, S. 62; *Rudolphi*, Systematischer Kommentar Rdn. 2 vor § 1; *Schönke/Schröder* Rdn. 9 vor § 13;
Tiedemann, Tatbestandsfunktionen im Nebenstrafrecht, S. 133.
A.A. jedoch z. B. *Welzel* LB S. 4, der die Aufgabe des Strafrechts primär im Schutz der sozial-ethischen Handlungswerte sieht und den Rechtsgüterschutz darin inzidenter für verwirklicht hält.
Allgemein zu Geschichte und Inhalt des Rechtsgutbegriffs: *Amelung*, Rechtsgüterschutz und Schutz der Gesellschaft, und ZStW 87 (1975), S. 132 ff.; *Hassemer*, Theorie und Soziologie des Verbrechens, und ZStW 87 (1975), S. 146 ff.; *Marx*, Zur Definition des Begriffes Rechtsgut; *Rudolphi*, Die verschiedenen Aspekte des Rechtsgutbegriffs, in Festschrift für Honig, S. 151 ff.; *Sina*, Dogmengeschichte des strafrechtlichen Begriffs „Rechtsgut".

B. Identität der Rechtsgutverletzung im Kartellstrafrecht

In der strafrechtlichen Literatur werden daher als Rechtsgüter diejenigen „besonderen Lebensgüter der Gemeinschaft"[10], „Werte oder Interessen"[11], „notwendigen sozialen Gegebenheiten"[12], „zur Selbstverwirklichung des Menschen erforderlichen Gegenstände"[13] verstanden, die vom Gesetzgeber in Übereinstimmung mit der Verfassung[14] durch strafrechtliche Tatbestände geschützt sind.

Die vorliegende Untersuchung ist nicht der Ort, an dem diese Grundfrage des Strafrechts ihrer Bedeutung entsprechend und umfassend erörtert werden könnte. Für die folgenden Überlegungen muß daher — wie dies im übrigen auch weitgehend von Literatur und Praxis getan wird[15] — von einem Rechtsgutbegriff ausgegangen werden, der in seinen letzten inhaltlichen Zusammenhängen noch weit von einer überzeugenden Klärung entfernt ist.

Im Hinblick auf die Frage nach dem geschützten Rechtsgut im Kartellstrafrecht kann jedoch als communis opinio festgehalten werden, daß diejenigen Bedingungen, die für das Zusammenleben der Bürger unter dem Schutz der Rechtsordnung von hervorragender Bedeutung sind und auf deren Fortbestand die Bürger vertrauen dürfen, vom jeweiligen Gesetzgeber zu Recht mit strafrechtlicher Bewehrung versehen werden können[16].

b) Rechtsgutträger

Vom Inhalt des Rechtsgutbegriffs weitgehend unabhängig, jedoch ebenfalls umstritten ist die Frage, wer Träger des Rechtsgutes ist. In Frage kommen die Allgemeinheit (evtl. personifiziert in dem „Staat") oder der Einzelne oder je nach Rechtsgut einer der beiden[17].

Die erste Alternative, die die Rechtsgüter zunächst allein der Allgemeinheit zuordnet, kann heute als überwunden bezeichnet werden[18].

---

[7] *Baumann* LB S. 139 ff.

[8] *Hassemer*, Theorie, S. 101 und ZStW 87 (1975), S. 163; *Sina*, S. 101; *Rudolphi*, Festschrift für Honig, S. 158 ff.

[9] Der von *Honig*, Die Einwilligung des Verletzten, Teil I, Berlin-Leipzig 1919 und *Schwinge*, Teleologische Begriffsbildung im Strafrecht, Bonn 1930 vertretene rein formelle Rechtsgutbegriff kann als überwunden angesehen werden.

[10] *Jescheck* LB, S. 194.

[11] *Baumann* LB, S. 142 f.

[12] *Rudolphi*, Systematischer Kommentar Rdn. 2 vor § 1 und Festschrift für Honig S. 166.

[13] *Marx* S. 62.

[14] *Rudolphi*, Systematischer Kommentar Rdn. 5 vor § 1; *Otto*, Rechtsgutbegriff S. 8.

[15] Vgl. hierzu die ausführlichen Nachweise bei *Hassemer*, Theorie, S. 12 ff.

[16] In diesem Sinne auch *Tiedemann* ZStW. 87 (1975) S. 272 f.

[17] Vgl. *Hassemer*, Theorie, S. 68 ff.

Die Auseinandersetzung zwischen individualistischen und dualistischen Ansichten dagegen dauert an. Die Auffassung, ausschließlich das Individuum sei Träger des Rechtsgutes[19], stützt sich dabei im wesentlichen darauf, daß es alleinige Aufgabe und einzige Rechtfertigung des Staates sei, dem einzelnen Menschen zu dienen[20]. Dabei wird allerdings nicht verkannt, daß es Rechtsgüter, wie z. B. den Staat, die Rechtspflege und die Wirtschaftsordnung gibt, über die nicht der einzelne disponieren kann, sondern nur die Bürger als gemeinschaftliche Rechtsgutinhaber[21]. Insoweit sind diese Theorien „überindividualistisch"[22].

Demgegenüber wird von einer überwiegenden Meinung[23] vertreten, daß alternativ die Allgemeinheit und auch der einzelne Bürger Träger von Rechtsgütern sein könne. Zu Recht wird von dieser Meinung darauf abgestellt, daß die komplizierte Organisation menschlichen Zusammenlebens vom einzelnen losgelöste Werte und Interessen hervorgebracht hat, die eine selbständige Funktion innerhalb der Sozialordnung wahrnehmen. Ihnen kommt daher Eigenständigkeit im Verhältnis zu den Individualinteressen zu[24].

Die zwangsläufige Folge des Bestands von Individual- und Universalrechtsgütern nebeneinander, gewissermaßen die andere Seite der Münze, ist die Erkenntnis, daß sowohl der einzelne als auch die Gesamtheit, die Allgemeinheit[25] jeweils Träger von Rechtsgütern sein können.

Die Entscheidung für eine dualistische Rechtsgutlehre darf jedoch nicht den Blick darauf verstellen, daß die einzelnen Rechtsgüter ihre Bedeutung nicht ausschließlich jeweils für das Individuum oder die Gemeinschaft entfalten[26]. So stellt der Schutz des Individualrechtsguts „Eigentum" gleichzeitig einen Wert im Gemeininteresse dar, auf dem wesentliche Teile unserer Gesellschaftsordnung basieren. Umgekehrt bewirkt zum Beispiel der Schutz der Rechtspflege vor unberechtigter

---

[18] *Oetker*, Rechtsgüterschutz und Strafe, in ZStW 17 (1897), S. 493 ff; *Honig*, Einwilligung S. 115; *Hegler*, Merkmale des Verbrechens, in ZStW 36 (1915), S. 19 ff.; 184 ff.

[19] Früher vor allem *v. Liszt*, Begriff des Rechtsguts, S. 139; heute besonders *Marx* S. 62, 79 ff.

[20] *Marx* S. 79.

[21] *Marx* S. 82 f.; vgl. auch *Hassemer*, Theorie, S. 70.

[22] *Hassemer*, Theorie, S. 70.

[23] So vor allem *Hassemer*, Theorie, S. 71 ff; *Tiedemann*, Tatbestandsfunktionen, S. 6, 119 ff. und ZStW 87 (1975), S. 271, aber auch ganz überwiegend die allgemeine strafrechtliche Lit., z. B. *Baumann* LB S. 144 passim; *Jescheck* LB S. 195; *Schmidhäuser* AT Rdn. 2/33; *Schönke/Schröder* Rdn. 10 vor § 13.

[24] Vgl. hierzu die Beispiele bei *Hassemer*, Theorie, S. 71 f. Speziell für den Bereich der Wirtschaft: *Tiedemann*, ZStW 87 (1975) S. 273.

[25] *Hassemer*, Theorie, S. 82 f.

[26] Zu den wechselseitigen Beziehungsfunktionen von Individual- und Gesamtrechtsgütern *Hassemer*, Theorie, S. 80 f.

B. Identität der Rechtsgutverletzung im Kartellstrafrecht

Einflußnahme einen auch für den einzelnen Bürger durchaus konkretisierbaren Vorteil.

Die Entscheidung über die Einordnung als Individual- oder Universalrechtsgut kann also nur danach erfolgen, wo das Schwergewicht der durch das betreffende Rechtsgut geschützten Interessen liegt. Eine solche Unterscheidung zwischen Individual- und Universalrechtsgut ist jedoch erforderlich, weil die Zuordnung entscheidende Bedeutung für die Auslegung und für die strafrechtliche Tatbestandslehre, insbesondere für die Disponibilität hat[27].

2. Rechtsgüter im Kartellstrafrecht

a) Die Frage nach dem Rechtsgut, das durch die kartellstrafrechtlichen Tatbestände geschützt ist, kann nur beantwortet werden, wenn man sich die materiell-rechtliche und gesetzestechnische Einbindung dieser Strafnormen in die jeweilige Wettbewerbsordnung vor Augen hält: Die Wettbewerbsordnung stellt die Verbote auf, die Strafnorm ist eine[28] hoheitliche Reaktion auf den Verstoß gegen diese Verbote.

Dies wird ganz besonders deutlich durch die gesetzestechnische Ausgestaltung der Tatbestände: Auf die das Verbot statuierende Norm des materiellen Wettbewerbsrechts wird in der Bußgeldnorm verwiesen[29].

Dieser unmittelbare Zusammenhang führt zur weitgehenden Identität des durch die kartellstrafrechtlichen Tatbestände geschützten Rechtsgutes mit dem Zweck der Wettbewerbsordnung.

b) In der deutschen Literatur herrscht seit den 30er Jahren Streit darüber, ob das Kartellrecht vorrangig den Wettbewerb[30] als Institution der Marktwirtschaft schütze oder ob die individuelle Freiheit der wirtschaftlichen Betätigung im Vordergrund stehe[31]. Diese Diskussion ist auch durch das GWB von 1957 nicht beendet worden[32].

---

[27] *Baumann* LB S. 142 f.; *Hassemer*, Theorie S. 57 ff.

[28] Die Anwendung des Kartellstrafrechts ist gegenüber den zivilrechtlichen (Unwirksamkeit: § 1 GWB, Schadenersatz: § 35 GWB) und kartellverfahrensrechtlichen Reaktionen (z. B. Widerruf oder Anordnung von Beschränkungen, Bedingungen und Auflagen nach §§ 11 V, 12 GWB) die einschneidendste Sanktion.

[29] Vgl. besonders § 38 I Ziff. 1—5, 8 und § 39 GWB; Art. 15 I und II VO 17.

[30] Zu den zahlreichen Definitionen des wirtschaftlichen Wettbewerbs vgl. *Baumbach/Hefermehl*, Wettbewerbs- und Warenzeichenrecht, Allg. Rdn. 6 ff. Auf die folgenden Ausführungen haben die Definitionsunterschiede keine Auswirkungen. Es wird jedoch dabei von der Definition von *Fikentscher*, Entwicklungen, WuW 1961, S. 798 ausgegangen: „Wirtschaftlicher Wettbewerb ist das selbständige Streben sich gegenseitig im Wirtschaftserfolg beeinflussender Anbieter oder Nachfrager (Mitbewerber) nach Geschäftsverbindung mit Dritten (Kunden oder Lieferanten) durch Inaussichtstellen günstig erscheinender Geschäftsbedingungen".

[31] Hierzu die Darstellungen bei *Fikentscher*, Wettbewerb und gewerblicher Rechtsschutz, S. 163 ff. und *Bolenius*, Straftaten, S. 61 ff.

62 Teil 3: Der gemischt-materiell-rechtliche Tatbegriff im EG-Kartellrecht

Die Ansicht, das Kartellrecht bezwecke letztlich allein den Schutz der wirtschaftlichen Handlungsfreiheit des einzelnen[33], findet sich in der jüngsten Literatur nicht mehr.

Dagegen ist nach wie vor umstritten[34], ob das Kartellrecht ausschließlich als institutioneller Schutz des freien Wettbewerbs zu verstehen ist[35] oder ob daneben auch die Handlungsfreiheit des einzelnen Marktbeteiligten geschützt wird[36].

Für die kartellstrafrechtliche Betrachtung kann diese Streitfrage durchaus Bedeutung erlangen: Wäre nur die Institution „Wettbewerb" geschützt, so müßte eine am Rechtsgut orientierte Auslegung immer dann von einer Sanktion absehen, wenn durch eine an sich tatbestandsmäßige Kartellvereinbarung der Wettbewerb nicht berührt wird.

Steht jedoch neben dem Wettbewerb noch der Schutz jedes einzelnen potentiellen Teilnehmers am Wettbewerb, so bedeutet dies, daß die geschäftliche Handlungsfreiheit eines einzelnen auch dann beeinträchtigt sein kann, wenn der Wettbewerb als Ganzes nicht negativ berührt wird: Eine Rechtsgutverletzung kann dann auch ohne Beeinträchtigung des Wettbewerbs vorliegen[37].

Mit der überwiegenden Ansicht in der Literatur, die auch von der deutschen Rechtsprechung[38] geteilt wird, sind Institutions- und Individualschutz als gleichrangige Rechtsgüter des Kartellrechts anzusehen. Die entscheidende Bedeutung, die dem einzelnen Marktbeteiligten gerade in einer auf Wettbewerb ausgerichteten Wirtschaftsordnung zukommt, zwingt zu der Einsicht, daß die zur Erhaltung dieser marktwirtschaftlichen Ordnung ergangenen Regelungen den einzelnen Konkurrenten nicht nur in Form einer Reflexwirkung schützen, sondern daß sein Schutz als essentieller Bestandteil dieser Ordnung gewertet werden muß.

c) In den Kartellstraftatbeständen sind auch Sanktionen für unrichtige und unvollständige Erklärungen gegenüber den Kartellbehörden

---

[32] Ausführlich zum derzeitigen Streitstand *Müller/Giessler* GWB § 1 Rdn. 31 ff.

[33] So z. B. im Jahre 1957 *Biedenkopf*, Freiheitliche Ordnung durch Kartellverbot, S. 32; *Lukes*, Kartellvertrag, S. 186.

[34] *Tetzner*, Kartellrecht, S. 1.

[35] So vor allem *Benisch*, Kartellrecht und Schutz der individuellen Freiheit, in WuW 1961, S. 764 ff; *Rasch/Westrick* Rdn. 1 vor § 1 GWB; *Steindorff*, Zweckmäßigkeit im Wettbewerbsrecht, S. 13.

[36] So vor allem *Fikentscher*, Wettbewerb, S. 207 ff; *Lukes*, Der Kartellvertrag, S. 185 ff; *Müller/Giessler* GWB § 1 Rdn. 33 f.; *Schwartz*, Deutsches Internationales Kartellrecht S. 8; *Tetzner*, Kartellrecht S. 2.

[37] Z. B. manche Alleinvertriebsverträge, vgl. BKartA Kartellbericht 1965 S. 20.

[38] BGH *GRUR* 1958 S. 621; NJW 1959 S. 880.

B. Identität der Rechtsgutverletzung im Kartellstrafrecht

oder für die Unterlassung solcher Erklärungen vorgesehen[39]. Damit soll im Vorfeld der Beeinträchtigung von marktwirtschaftlicher Ordnung und individueller wirtschaftlicher Handlungsfreiheit gewährleistet werden, daß die Entscheidungen der Kartellbehörden auf richtiger Tatsachengrundlage ergehen. Dabei ist es unbeachtlich, ob die beiden genannten Rechtsgüter im Einzelfall durch die falsche oder unterlassene Erklärung verletzt werden. Als drittes Rechtsgut im Bereich des Kartellrechts ergibt sich daher die Richtigkeit der Entscheidungsgrundlagen der Kartellbehörden.

3. Verhältnis der geschützten Rechtsgüter im deutschen und europäischen Kartellstrafrecht

Es wurde bereits oben[40] dargestellt, daß die Wettbewerbsordnung nur in ihrer Zuordnung zur jeweiligen Rechtsordnung strafrechtlich geschützt wird. In einer vereinfachenden Ausdrucksweise heißt das: Die Wirtschaftsordnungen verschiedener Staaten sind verschiedene Rechtsgüter.

Es ist jedoch die Frage aufzuwerfen, ob dies auch für das Verhältnis der Gemeinschaftsrechtsordnung zu den Rechtsordnungen der Mitgliedstaaten gilt. Die vielfältigen Verflechtungen und umfangreichen faktischen Verzahnungen der Rechtsordnungen in diesem Bereich lassen Zweifel daran aufkommen, ob die Fiktion des (rechtlichen) Nebeneinanders aufrechterhalten werden kann.

a) Wettbewerbsordnung im Bundesstaat

Zur Verdeutlichung kann ein Blick auf die Regelung dieser Frage in verschiedenen Bundesstaaten beitragen:

In der Bundesrepublik Deutschland besteht zur „Verhütung des Mißbrauchs wirtschaftlicher Machtstellung" (Art. 74 Ziff. 16 GG) die konkurrierende Gesetzgebungskompetenz des Bundes und der Länder. Da der Bund durch den Erlaß des GWB diese Materie umfassend geregelt hat, gibt es daneben keine Regelungen, die auf einzelne Länder beschränkt sind. Die Rechtsordnung in diesem Bereich ist daher im gesamten Bundesstaat einheitlich. Überschreiten die Wirkungen von Wettbewerbsbeschränkungen die Grenzen der einzelnen Länder, so hat dies ausschließlich für die Zuständigkeitsverteilung Bedeutung (§ 44 I Ziff. 1 d und 3 GWB). Eine territoriale Begrenzung des Schutzgutes auf das Gebiet der einzelnen Länder existiert nicht.

---

[39] §§ 38 I Ziff. 7, 39 GWB; Art. 15 I VO 17; näher hierzu oben Teil 1 A 2, 3 und Teil 2 B 1.
[40] Siehe oben Teil 1 C 2.

Anders dagegen die Regelung in den USA[41]: Das Bundesrecht regelt ausschließlich das Recht der Wettbewerbsbeschränkungen im zwischenstaatlichen Handel, daneben haben die meisten[42] der Bundesstaaten eigene anti-trust-Rechte für den innerstaatlichen Handel. Dieser sachlichen Abgrenzung entspricht eine Verteilung der Kompetenz zur Anwendung der einzelnen Rechte auf Bundesbehörden und Bundesgerichte einerseits und Institutionen der einzelnen Staaten andererseits.

Aus dieser Gegenüberstellung wird zunächst deutlich, daß die Intensität der staatsrechtlichen Verknüpfung, in der die auf demselben Territorium anzuwendenden Kartellrechtsordnungen stehen, keine zwingende Auswirkung auf deren Verhältnis zueinander hat: Im Bundesstaat, dessen staatsrechtliche Ausgestaltung die einzelnen Gliedstaaten enger einbindet als die EG ihre Mitgliedstaaten, ist eine einheitliche Kartellrechtsordnung ebenso möglich wie das Nebeneinander mehrerer, territorial begrenzter Wettbewerbsordnungen, deren Beziehungen zueinander durch eine zusätzliche bundesrechtliche Ordnung bestimmt werden.

b) Identität des Rechtsguts auch bei mehreren Wettbewerbsordnungen in einem Bundesstaat oder in einer Staatengemeinschaft

Aus dem Nebeneinander mehrerer einzelstaatlicher Wettbewerbsordnungen und einer bundesstaatlichen bzw. gemeinschaftsrechtlichen Ordnung folgt jedoch nicht notwendig, daß diese Teilrechtsordnungen jeweils verschiedene Rechtsgüter schützen. Die Frage, ob die Teilrechtsordnungen dieselben Rechtsgüter schützen oder ob hinter jeder Teilrechtsordnung eigenständige Rechtsgüter stehen, entscheidet sich daran, ob die Existenz mehrerer Wettbewerbsordnungen nebeneinander einer materiell-rechtlichen Notwendigkeit entspricht, oder ob darin eine lediglich regionale Aufteilung zur Bewältigung einer umfassenden, einheitlichen Aufgabe zu sehen ist. Anders ausgedrückt: Den verschiedenen Rechtsordnungen liegen verschiedene Rechtsgüter zugrunde, wenn die jeweilige Wettbewerbsordnung Ausfluß der einzelstaatlichen Souveränität ist. Liegt dagegen die Zuständigkeit zur Regelung primär bei der bundesstaatlichen bzw. gemeinschaftlichen Gewalt, so sind die von den einzelnen Bundes- bzw. Mitgliedstaaten erlassenen Regelungen eine weitere (regionale) Ausgestaltung des Schutzes für dasselbe Rechtsgut.

Für den Bundesstaat Bundesrepublik Deutschland ist mit der vorrangigen Zuständigkeit des Bundes diese Frage eindeutig beantwortet:

---

[41] Vgl. hierzu die beiden Darstellungen von *Schwartz* Dt. Int. Kartellrecht S. 12 ff. und ausführlicher in: Das Verhältnis des einzelstaatlichen zum Bundes-Antitrustrecht, ZHR Bd. 124 (1961/62) S. 254 ff.

[42] Ein Fünftel der amerikanischen Bundesstaaten haben kein internes Kartellrecht.

B. Identität der Rechtsgutverletzung im Kartellstrafrecht

Wettbewerb und Freiheit der wirtschaftlichen Betätigung in der gesamten Bundesrepublik Deutschland sind die vom GWB geschützten Rechtsgüter.

Eine entsprechende Aussage über diese Frage im Bereich der US-Wettbewerbsordnung bedürfte einer ausführlichen Untersuchung, die den Rahmen dieser Erörterungen sprengen würde. Es ist jedoch festzuhalten, daß sich die amerikanische Rechtssprechung bei ihren wegweisenden Entscheidungen immer wieder darauf berufen hat, es fehle an einer ausschließlichen Regelung durch den Bund[43] und es komme in der bundesgesetzlichen Regelung nicht zum Ausdruck, daß durch diese die einzelstaatlichen Regelungen verdrängt oder aufgehoben werden sollten[44]. Auch hier wird also der Spielraum der Einzelstaaten daran gemessen, inwieweit der Bundesstaat von einer umfassenden Regelungskompetenz Gebrauch gemacht hat. Es kann also auch für das US-Wettbewerbsrecht vermutet werden, daß die verschiedenen Teilwettbewerbsordnungen und die bundesrechtliche Regelung räumlich abgestufte Schutzbestimmungen für dieselben wettbewerbsrechtlichen Rechtsgüter darstellen.

c) Identität der Rechtsgüter im Kartellrecht der EG und ihrer Mitgliedstaaten

Die vorstehenden Erwägungen zu den Rechtsgütern des Kartellstrafrechts im Bundesstaat legen nahe, daß auch den Kartellstrafrechten der EG und ihrer Mitgliedstaaten einheitliche Rechtsgüter zugrundeliegen. In der Literatur ist diese Frage bisher nur vereinzelt erörtert worden, weil sie stets im Schatten der vor allem im deutschen Bereich ausgiebig diskutierten staats- und völkerrechtlichen Aspekte des Verhältnisses der innerstaatlichen Wettbewerbsordnung zum Gemeinschaftsrecht gestanden hat[45].

---

[43] Commonwealth of Massachussets v. McHugh 93 N. E. 2 d 751 (Sup. Jud. Ct. Mass. 1950), zit. nach *Schwartz*, Verhältnis S. 280, 285.

[44] Illinois Central Railroad Co. v. State Public Utilities Commission of Illinois, 245 U. S. 493, 510, zit. nach *Schwartz*, Verhältnis S. 281.

[45] Vgl. z. B. *Badura*, Bewahrung und Veränderung demokratischer und rechtsstaatlicher Verfassungsstruktur in den internationalen Gemeinschaften, in VVDStRL 23, S. 34; *Carstens*, Der Rang europäischer Verordnungen gegenüber deutschen Rechtsnormen, in Festschrift f. Riese 1964, S. 65; *Ehle*, Verhältnis des europäischen Gemeinschaftsrechts zum nationalen Recht, in NJW 1964 S. 2331; *Everling*, Europäisches Gemeinschaftsrecht und nationales Recht in der praktischen Rechtsanwendung, in NJW 1967, S. 465; *Kaiser*, Bewahrung und Veränderung demokratischer und rechtsstaatlicher Verfassungsstruktur in den internationalen Gemeinschaften, in VVDStRL 23, S. 1; *Pescatore*, Gemeinschaftsrecht und staatliches Recht in der Rechtsprechung des EuGH, in NJW 1969, 2065; *Zulegg*, Das Recht der Europäischen Gemeinschaften im innerstaatlichen Bereich, 1969 (KSE Bd. 9); *Zweigert*, Der Einfluß des Europäischen Gemeinschaftsrechts auf die Rechtsordnungen der Mitgliedstaaten, RabelsZ 1964, S. 601.

Von der Einheitlichkeit der Rechtsgüter geht Schwartz aus, ohne dafür jedoch eine Begründung zu geben[46].

Nach der Ansicht von Pabsch existiert eine Identität mitgliedstaatlicher und gemeinschaftlicher Rechtsgüter im Strafrecht grundsätzlich nicht. Sie wäre nur dann anzunehmen, wenn diese Rechtsgüter „im Leben" der einzelnen Staaten und der Gemeinschaft „unter allen denkbaren Aspekten" dieselben Funktionen erfüllen. Die Teilgemeinschaft müßte an der Prävention einer Verletzung solcher Rechtsgüter dasselbe Interesse nehmen wie die Europäische Gemeinschaft[47]."

Die von Pabsch gestellten Anforderungen sind zu eng. Zwar ist zuzugeben, daß eine bloße Berührung oder eine geringfügige Überschneidung der geschützten Interessen nicht dazu berechtigen kann, von der Identität geschützter Rechtsgüter auszugehen. Bei Individualrechtsgütern, deren Identität in allen Rechtsordnungen außer Zweifel steht, ist der gewährte Schutz jedoch auch nicht „unter allen denkbaren Aspekten" identisch: In diesem Zusammenhang braucht nur beispielsweise auf Fahrlässigkeitstatbestände beim Eigentum oder die verschiedenen strafrechtlichen Regelungen zum Schutz des ungeborenen Lebens hingewiesen zu werden.

Es erscheint daher erforderlich, die Voraussetzungen für die Identität strafrechtlicher Schutzgüter darauf zu reduzieren, daß sie ihrem Wesen nach dieselben Schutzfunktionen in ihren Rechtsordnungen wahrnehmen und dabei eine überwiegend entsprechende strafrechtliche Ausgestaltung erfahren haben. Die zu Beginn der Teile 1 und 2 dargestellten Kartellstraftatbestände[48] weisen aber in ihrer Schutzrichtung (Marktwirtschaftliche Ordnung und individuelle Handlungsfreiheit) und in ihrer tatbestandlichen Ausformung so weitgehende Entsprechungen auf, daß für das deutsche und EG-Kartellstrafrecht von einheitlichen geschützten Rechtsgütern ausgegangen werden muß.

4. Einheitliche Rechtsgutverletzung im EG-Bereich

Aus der damit akzeptierten Identität der Rechtsgüter im nationalen und im EG-Kartellstrafrecht folgt, daß jeder einzelne Wettbewerbsverstoß innerhalb des gesamten EG-Bereichs eine einheitliche Rechtsgutverletzung darstellt.

Die Frage, ob nur ein nationaler Markt oder der zwischenstaatliche Handel beeinträchtigt wird, ist dabei unerheblich. Die grenzüberschrei-

---

[46] *Schwartz*, Int. Kartellrecht S. 8.
[47] *Pabsch*, Der strafrechtliche Schutz der überstaatlichen Hoheitsgewalt, Bonn 1965, S. 132.
[48] Vgl. oben Teil 1 A 1—3 und Teil 2 B.

B. Identität der Rechtsgutverletzung im Kartellstrafrecht

tende Beeinträchtigung markiert nicht einen qualitativen Unterschied, sondern in ihr liegt lediglich eine Aussage zum Umfang der Rechtsgutverletzung.

Die Feststellung der Verletzung eines wettbewerbsrechtlichen Schutzgutes allein ist zunächst nur rechtstheoretischer Natur. Es ist dafür ohne Bedeutung, ob durch diese Beeinträchtigung ein oder mehrere nationale und/oder die gemeinschaftsrechtlichen Kartellstrafbestände verwirklicht werden.

Ebenso ist es denkmöglich, daß zwar eine Rechtsgutverletzung vorliegt, jedoch — wegen entsprechender Ausgestaltung der Normen — weder im nationalen noch im EG-Recht Tatbestandsmäßigkeit gegeben ist. Die Rechtsgutverletzung ist unabhängig vom Umfang des strafrechtlichen Schutzes, den die einschlägigen Tatbestände gewähren[49].

5. Auswirkung auf die verschiedenen Kollisionsmöglichkeiten

a) Tatbestandserfüllung nach mitgliedstaatlichem und EG-Recht

Wenn, was hier vertreten wird, auch die Einheitlichkeit der Rechtsgutverletzung die Identität der Tat bewirkt[50], so folgt aus der Identität der Rechtsgüter im nationalen und im Gemeinschaftsbereich, daß eine Rechtsgutverletzung, die in beiden Rechtsordnungen zu einer Sanktion führen kann, *eine Tat* im prozessualen Sinn ist: Wettbewerbsbeeinträchtigungen, die zugleich gegen Art. 15 VO 17 und §§ 38, 39 GWB verstoßen, sind auch dann eadem res, wenn die Ausführungshandlungen, die zur Tatbestandserfüllung führen, nicht identisch sind. Der Verstoß gegen die Wettbewerbsordnung in einem bestimmten Marktbereich[51], also die beiden Tatbestandsverwirklichungen zugrundeliegende Rechtsgutverletzung, hat zur Folge, daß die Voraussetzungen zur Anwendung des ne-bis-in-idem-Prinzips vorliegen.

b) Tatbestandserfüllung nach dem Recht mehrerer Mitgliedstaaten

Eine gleichzeitige Sanktionsmöglichkeit in mehreren Mitgliedstaaten besteht regelmäßig nur neben einer Tatbestandserfüllung nach Art. 15

---

[49] Daß auch hochwertige Rechtsgüter nicht zwingend einen umfassenden Strafrechtsschutz erfordern, zeigen die bereits oben S. 101 erwähnten Beispiele der fahrlässigen Sachbeschädigung und der Schwangerschaftsunterbrechung. Daß u. U. eine strengere strafrechtliche Bewehrung ein weniger effektiver Schutz sein kann, haben die Vertreter der Fristenlösung beim Schwangerschaftsabbruch überzeugend nachgewiesen. Vgl. z. B. *Baumann*, Schutz des werdenden Lebens, in Abtreibungsverbot S. 21 ff. Das Bundesverfassungsgericht hat sich dieser Einsicht allerdings verschlossen, BVerfGE 39, S. 1 ff.

[50] Vgl. oben Teil 1 B 5e, C.

[51] Z. B. der Handel mit pharmazeutischen Produkten einheitlicher Wirkungsweise, mit Rundfunk- oder Fernsehgeräten, mit Spirituosen usw.

VO 17, weil in einer gleichzeitigen Wettbewerbsbeeinträchtigung in zwei Mitgliedsstaaten notwendig eine Auswirkung auf den Handel mindestens zwischen diesen beiden Mitgliedstaaten liegt.

Etwas anderes könnte sich nur ergeben bei Sanktionen für ein Verhalten, das im Vorfeld der eigentlichen Wettbewerbsbeeinträchtigungen liegt. Dabei ist vor allem an falsche, unvollständige oder unterlassene Erklärungen gegenüber den Kartellbehörden zu denken.[52]. Wegen der Identität der Rechtsgüter im gesamten Gemeinschaftsgebiet besteht aber generell auch Tatidentität im Verhältnis der nationalen Tatbestandserfüllungen untereinander.

c) Tatbestandserfüllung nach mitgliedstaatlichem und EG-Recht einerseits und dem Recht von Drittstaaten andererseits

Die Einheitlichkeit der kartellrechtlichen Schutzgüter im Gemeinschaftsbereich ist eine Folge der Verschmelzung der Wirtschaftsordnungen und der Ausbildung einer eigenständigen EG-Rechtsordnung. Diese besonderen Beziehungen im Gebiet der Mitgliedstaaten bestehen nicht zu den Wirtschafts- und Rechtsordnungen außerhalb der Gemeinschaft. Daher sind die überindividuellen Rechtsgüter in Drittstaaten ausschließlich den Rechtsgenossen innerhalb dieser Rechtsordnung zugeordnet. Die Beeinträchtigungen sachlich einander entsprechender Universalrechtsgüter in zwei von einander unabhängigen Rechtsordnungen sind daher verschiedene Rechtsgutverletzungen. Für die dafür bestehenden Sanktionsmöglichkeiten greift daher grundsätzlich nicht das Verbot des ne-bis-in-idem ein. Etwas anderes gilt nur, wenn die Tatbestandsausführungshandlungen identisch sind[53].

6. Vergleich der eigenen Ergebnisse mit der deutschen herrschenden Meinung

Die Tat als einheitlicher Lebensvorgang, wie sie von der in Deutschland herrschenden Meinung verstanden wird[54], umfaßt bei grenzüberschreitenden Wettbewerbsbeeinträchtigungen regelmäßig die Tatbestandsverwirklichungen in allen tangierten Rechtsordnungen: Das auf einer Kartellvereinbarung beruhende Verhalten, das Wettbewerbsverstöße nach der deutschen, französischen, amerikanischen und EG-Rechtsordnung beinhaltet, ist nach deutscher Lehre *eine Tat*.

Die vorstehenden Erörterungen haben gezeigt, daß der hier vertretene gemischt-materiell-rechtliche Tatbegriff innerhalb des EG-Bereichs

---

[52] Dazu oben Teil 3 B 2c.
[53] Vgl. insbesondere RS 7/72 (Chinin-Fall) oben Teil 2 D 3.
[54] *Kleinknecht* StPO § 264 Anm. 1 A. Näher hierzu oben Teil 1 B 2.

B. Identität der Rechtsgutverletzung im Kartellstrafrecht

zu demselben Ergebnis führt: Die einheitlichen Schutzgüter bewirken Tatidentität.

Unterschiedliche Ergebnisse können sich im Verhältnis zu drittstaatlichen Sanktionen ergeben: Infolge der Verschiedenheit der Rechtsgüter kann nach der hier vertretenen Auffassung Tatidentität nur dann bestehen, wenn zumindest eine teilweise Deckung der Ausführungshandlungen vorliegt. Die Entscheidung über die Tatidentität hängt also davon ab, ob das die Kartellvereinbarung ausführende Verhalten gleichzeitig zur Tatbestandserfüllung im Drittstaat und im Bereich der EG führt. Dieses Ergebnis erscheint auch sachgerecht, denn nur wenn identisches Verhalten bestraft wird, besteht zwischen den Sanktionen diejenige innere Nähe, die es rechtfertigt, dem Täter auch in Bezug auf die Tatbestandserfüllung außerhalb der EG-Wirtschaftsordnung den Vorteil zukommen zu lassen, der in der Behandlung als einheitliche Tat liegt.

Hinsichtlich der Rechtsfolgen ergibt sich kein Unterschied zwischen der hier vertretenen Auffassung und der deutschen Lehre: Nach beiden Ansichten sind auf eine deutsche Kartell„strafe" sämtliche Vorverurteilungen wegen derselben Sache gemäß § 51 III StGB anzurechnen. Dabei ist diese Norm bei allen nationalen Vorverurteilungen, gleichgültig, ob in einem Drittstaat oder einem Mitgliedstaat ergangen, unmittelbar anzuwenden. Bei einer EG-rechtlichen Sanktion ist dagegen nur eine analoge Anwendung möglich, weil es an einer Instanz fehlt, die zur Entscheidung über deutsche und EG-rechtliche Tatbestände berechtigt wäre[55].

7. Vergleich der eigenen Ergebnisse mit der Rechtsprechung des EuGH

In den Grundlagen besteht zwischen der Rechtssprechung des EuGH[56] zur Tatidentität und der hier vertretenen Auffassung weitgehende Übereinstimmung: Ausgangspunkt ist ein materiell-rechtlicher Tatbegriff, in dem die Handlungsidentität (zumindest auch) zur Tatidentität führt.

Unterschiede ergeben sich zum einen daraus, daß der EuGH in seinen Handlungsbegriff Elemente aufnimmt, die dem Rechtsgut und dem Umfang des Rechtsgüterschutzes zuzuordnen sind: Der Zweck und der geographische Schwerpunkt[57] sowie die Beschränkung entweder auf den zwischenstaatlichen oder auf den innerstaatlichen Handel[58]. Im Gegen-

---

[55] BGHSt 25, 54 (60 f.). Hierzu oben Teil 1 C 3 und unten Teil 3 B 8.
[56] Dazu im einzelnen oben Teil 2 C 2, 3.
[57] RS 7/72 Slg XVIII S. 1290.
[58] RS 14/68 EuR 1969 S. 148.

70 Teil 3: Der gemischt-materiell-rechtliche Tatbegriff im EG-Kartellrecht

satz zum EuGH hält der gemischt-materiell-rechtliche Tatbegriff die Handlung und die Rechtsgutverletzung auseinander. Dem EuGH ist aber darin zuzustimmen, daß beide Begriffe die Einheitlichkeit einer Tat bewirken können. Der gemischt-materiell-rechtliche Tatbegriff trägt dem Rechnung durch die alternative Heranziehung von Handlung und Rechtsgutverletzung zur Bestimmung der Tatidentität. Der zweite entscheidende Unterschied der hier vertretenen Meinung zur Rechtssprechung des EuGH ist darin zu sehen, daß die verschiedenen „Schutzrichtungen" (einmal zwischenstaatlicher Handel, einmal nationale Märkte) vom EuGH behandelt werden, als ob es sich dabei um verschiedene Rechtsgüter handele. Der Gerichtshof vermeidet es zwar, diesen Umstand in aller Deutlichkeit auszusprechen. Es läßt sich wohl nicht verkennen, daß in der Betonung dieser Ansicht eine den Gemeinschaftszielen widerstrebende Tendenz zur Desintegration des gemeinsamen Marktes liegen könnte.

In der RS 14/68 hätte die Anwendung des gemischt-materiell-rechtlichen Tatbegriffs auf das Ergebnis schon deshalb keinen Einfluß haben können, weil in der Fragestellung des Kammergerichts eine „einheitliche Handlung" und damit Tatidentität vorausgesetzt war. Die oben angestellten Überlegungen zum Rechtsgut im deutschen und europäischen Kartellstrafrecht haben jedoch gezeigt, daß die Parallelverfahren eben nicht „verschiedenen Zielen" dienen. Damit entfällt das einzige vom EuGH angeführte Argument für die Unbedenklichkeit zweier Verfahren nebeneinander. Da der Gerichtshof schon früher festgestellt hatte, daß innerhalb des Gemeinschaftsrechts das Prinzip des ne-bis-in-idem auch das Verbot eines doppelten Verfahrens enthält[59], wäre auch der EuGH — wie später in derselben Sache der BGH[60] — gezwungen gewesen, sich mit dem Problem der fehlenden Instanz zur Aburteilung nach beiden Tatbeständen auseinanderzusetzen. Bis zur Schaffung eines integrierten Verfahrens hätte aber der EuGH auch aus dieser Sicht auf das Anrechnungsprinzip zurückgreifen müssen, um wenigstens die doppelte Bestrafung zu vermeiden, wenn schon das doppelte Verfahren wegen der noch nicht erfolgten prozessualen Integration nicht verhindert werden kann.

In der RS 7/72 hätte der gemischt-materiell-rechtliche Tatbegriff zur Anrechnung der US-Strafe geführt. Zwar ist mit dem EuGH bei dieser Sanktion eines Drittstaates von verschiedenen verletzten Rechtsgütern auszugehen, die sich teilweise deckenden Ausführungshandlungen[61] hätten jedoch zur Tatidentität geführt.

---
[59] Verbundene RS 18 und 35/65 (*Gutmann*) Slg XII, S. 178 ff. und Slg XIII, S. 86 ff.
[60] So BGHSt 25, 54 ff.
[61] Näher hierzu oben Teil 3 B 1.

B. Identität der Rechtsgutverletzung im Kartellstrafrecht

8. Verfahrensrechtliche Aspekte

Die letzte Ursache für sehr viele Schwierigkeiten bei der Anwendung des Europäischen Wettbewerbsrechts liegt darin, daß einer sehr weitgehenden materiell-rechtlichen Integration im verfahrensrechtlichen Bereich eine sehr schwache Verzahnung gegenübersteht. Daraus resultiert ein Übergewicht der etablierten nationalen Institutionen, das die Verwirklichung des Vorrangs des Gemeinschaftsrechts und die Fortentwicklung der Integration innerhalb der Gemeinschaft beeinträchtigt[62].

In gewissem Umfang trifft dies auch in dem hier angesprochenen Bereich des Kartellstrafrechts zu. Wenn man mit dem gemischt-materiell-rechtlichen Tatbegriff von einer einheitlichen Rechtsgutverletzung im nationalen und EG-Recht ausgeht, aber auch wenn man etwa den weiten prozessualen Tatbegriff der deutschen herrschenden Meinung anwendet, so ist die bisher allein mögliche Verfahrensbewältigung (Parallelverfahren und Anrechnung der zuerst ergangenen Sanktion) unbefriedigend: Ein zur Einheitlichkeit strebender Wirtschaftsbereich müßte auch in der Lage sein, ein als identische Tat erkanntes Verhalten in einem Verfahren abzuurteilen, das zur Entscheidung sowohl über nationale als auch über gemeinschaftsrechtliche Aspekte dieser Tat kompetent ist[63],[64].

Zunächst ergeben sich grundsätzlich zwei verschiedene Möglichkeiten zur gemeinsamen Aburteilung nach mitgliedstaatlichen und gemeinschaftlichen Tatbeständen[65].

Entweder:

Den Mitgliedsstaaten wird auch die Befugnis zur Entscheidung nach den Tatbeständen des Gemeinschaftsrechts verliehen.

---

[62] Z. B. Die Entscheidung des italienschen Verfassungsgerichts in der Sache Costa/*Enel*, AWD 1964, S. 219 (dazu EuGH Slg X, 1251 ff.) und das Bundesverfassungsgericht zur Stellung der deutschen Grundrechte im Gemeinschaftsrecht, NJW 1974, S. 1697 (dazu *Feige* JZ 1975, S. 476 ff. und *G. Meier* NJW 1974, S. 1704 ff).

[63] Es ist nicht zu verkennen, daß eine grundlegende Veränderung in diesem Bereich in absehbarer Zeit nicht erwartet werden kann. Die Entwicklung der letzten 10 Jahre hat gezeigt, daß die Mitgliedsstaaten weit weniger zur Aufgabe von Souveränitätsrechten und zur Anpassung der eigenen Institutionen bereit sind, als man beim Abschluß des EWG-Vertrages annahm. Dabei darf aber auch nicht übersehen werden, daß dies gerade beim Straf- und Strafverfahrensrecht Eingriffe in solche Bereiche erforderlich macht, die in jahrhundertelangen, teilweise hart umkämpften Entwicklungen entstanden sind.

[64] Zu einer EG-Strafgerichtsbarkeit allgemein vgl. *Pabsch*. Der strafrechtliche Schutz überstaatlicher Hoheitsgewalt, Bonn 1965, S. 183 ff.

[65] Vgl. *Pabsch* S. 184 a und b.

Oder:

Die Kompetenz zur Ahndung aller Wettbewerbsverstöße in dem EG-Bereich (auch derjenigen nach mitgliedstaatlichem Recht) wird auf gemeinschaftliche Organe übertragen.

Die wichtigsten Vor- und Nachteile beider Lösungen sind offensichtlich: Die Zuordnung zum nationalen Verfahren kann durch einfache Kompetenzerweiterung der vorhandenen Institutionen erfolgen. Es bedarf keines weiteren organisatorischen Aufwands. Die Auslegung und richterliche Fortentwicklung des Gemeinschaftsrechts liegt dann aber bei den verschiedenen nationalen Organen. Daraus ergibt sich die Gefahr, daß durch unterschiedliche Jurisdiktion zu gemeinschaftsrechtlichen Begriffen das Gemeinschaftsrecht in den Mitgliedstaaten praktisch in unterschiedlicher Weise gilt.

Die ausschließliche Ahndung durch EG-Organe setzt die Einrichtung neuer Behörden und Gerichte zur Ermittlung und Entscheidung voraus.

Die damit verbundene Aufblähung des Gemeinschaftsapparates erscheint nicht wünschenswert. Auch besteht dann für einen sehr schmalen Bereich des Strafrechts eine eigene Gerichtsorganisation, die keine direkte Verbindung zur allgemeinen Strafgerichtsbarkeit hat. Eine gegenseitige Beeinflussung von nationalem und gemeinschaftlichem Recht ist dann kaum möglich[66]. Hinzu kommt, daß eine Regelung, die einen totalen Verzicht auf Beteiligung der einzelnen Staaten vorsieht, bei diesen keine Aussicht auf Billigung finden dürfte. Die Einheitlichkeit der Anwendung und Weiterentwicklung des gemeinschaftlichen Kartellstrafrechts ist bei einer ausschließlichen EG-Gerichtsbarkeit allerdings umfassend gewährleistet.

Bereits dieser Gegenüberstellung der zuerst ins Auge springenden Gesichtspunkte ist zu entnehmen, daß eine sinnvolle Lösung nicht in der Verwirklichung eines der beiden angesprochenen Prinzipien liegen kann. Zu Recht stellt Pabsch fest, daß nur eine Verbindung von staatlichen und überstaatlichen Elementen den ineinander verzahnten Rechtsordnungen der Gemeinschaft und ihrer Mitgliedsstaaten gerecht wird[67].

Pabsch schlägt allgemein für eine EG-Strafgerichtsbarkeit einen dreistufigen Instanzenzug vor, dessen erste beiden Stufen von nationalen Gerichten wahrgenommen werden, die zur gleichzeitigen Anwendung des nationalen und des gemeinschaftlichen Strafrechts befugt sind. Gegen die zweitinstanzliche Entscheidung soll ein beim EuGH einzurichtender Spruchkörper angerufen werden können, soweit die Verletzung von Gemeinschaftsrecht gerügt wird[68].

---

[66] *Pabsch* S. 186.
[67] *Pabsch*, S. 187.

B. Identität der Rechtsgutverletzung im Kartellstrafrecht

Die vorgeschlagene Regelung ist stark angelehnt an die Gliederung der Strafgerichtsbarkeit in Bundesstaaten[69]. Sie sichert die Einheitlichkeit der Anwendung des Gemeinschaftsrechts dadurch, daß ein einziges gemeinschaftliches Gericht zur rechtlichen Nachprüfung für den ganzen Gemeinschaftsbereich zuständig ist. Dies läßt eine integrierende Einwirkung auf das nationale Kartellstrafrecht im Wege der Rückkoppelung erwarten, ohne daß die einzelnen Staaten unmittelbar einen Souveränitätsverlust erleiden.

Da in keinem Bereich neue Gerichte geschaffen werden müssen, wirft diese Lösung nur relativ geringe Organisationsprobleme auf. Zu fragen wäre allerdings, ob für den Bereich des Kartellstrafrechts nicht *eine* nationale Gerichtsinstanz ausreicht, da der ersten gerichtlichen Beurteilung des Sachverhalts in der Regel die gerichtsähnliche Überprüfung durch die Kartellbehörde vorausgeht und die Kartelldelikte in den meisten Rechtsordnungen nicht dem Kriminalstrafrecht zugeordnet sind.

---

[68] Wird die Verletzung staatlichen und gemeinschaftlichen Rechts gerügt, erfordert dies eine differenzierte Lösung. Hierzu *Pabsch* S. 197 ff.

[69] Vgl. z. B. die Regelungen in der Bundesrepublik Deutschland und in den USA.

Schlußbemerkung

Die vorgelegte Untersuchung hat gezeigt, daß das Problem der Tatidentität im deutschen und EG-Kartellstrafrecht eine Behandlung erfährt, die den Gemeinschaftszielen zumindest nicht förderlich ist. Die Ursachen hierfür liegen zunächst einmal in der Verschiedenheit des Tatbegriffs. Dem weiten und unscharfen prozessualen Tatbegriff der deutschen herrschenden Meinung steht in der Rechtssprechung des EuGH ein materieller Tatbegriff gegenüber, der allerdings bisher noch wenig deutliche Konturen besitzt. Der hier vorgeschlagene Tatbegriff verwendet die spezifisch strafrechtlichen Kategorien der „Handlung" und der „Rechtsgutverletzung" zur Bestimmung der Tatidentität. Er ist deshalb als materiell-rechtlich zu qualifizieren. Er umfaßt jedoch einen ähnlich weiten Kreis von zusammengehörigen Verhaltensweisen wie die deutsche prozessuale Lösung, er vermeidet jedoch die dort bestehende Unschärfe in der Abgrenzung.

In die Rechtssprsechung des EuGH eingebracht, läßt dieser gemischt-materiell-rechtliche Tatbestand eine Fehlentwicklung deutlich werden:

Entgegen der Ansicht des EuGH schützen das deutsche und das EG-Kartellstrafrecht nicht verschiedene Rechtsgüter. Geschützt werden in beiden Fällen dieselbe wirtschaftliche Handlungsfreiheit derselben Marktbeteiligten und derselbe Wettbewerb.

Eine strafgerichtliche Behandlung, die dieser Übereinstimmung in vollem Umfang gerecht wird, ist derzeit nicht möglich, weil die deutschen und gemeinschaftsrechtlichen Verfahrenswege ohne Verzahnung nebeneinander bestehen. Eine der gemeinsamen Wettbewerbsordnung entsprechende Lösung erfordert ein Verfahren, in dem nationale und gemeinschaftsrechtliche Elemente gleichzeitig wirksam werden können.

Literaturverzeichnis

Amelung, Knut: Besprechung von Hassemer: Theorie und Soziologie des Verbrechens, in: ZStW 87 (1975) S. 132 ff.
— Rechtsgüterschutz und Schutz der Gesellschaft, Frankfurt 1972.

Barthel, Wolfgang: Der Begriff der Tat im Strafprozeßrecht, Diss. Saarbrücken 1972.

Baumann, Jürgen: Strafrecht Allgemeiner Teil, 7. Auflage, Bielefeld 1975 (LB).
— Einführung in die Rechtswissenschaft, 4. Auflage, München 1974 (Einführung).
— Grundbegriffe und Verfahrensprinzipien des Strafprozeßrechts, 2. Auflage, Stuttgart, Berlin, Köln, Mainz 1972 (Grundbegriffe StPO).
— Über die notwendigen Veränderungen im Bereich des Vermögensschutzes, in: JZ 1972, S. 1 ff.
— Schutz des werdenden Lebens, in: Das Abtreibungsverbot des § 218 StGB, Neuwied und Berlin 1971.
— Änderung des Prozeßgegenstandes im Zivil- und Strafprozeß, in: ZZP 1956, S. 356 ff.
— Besprechung von Michels, Strafbare Handlung und Zuwiderhandlung, in: GA 1965, S. 219 ff.
— Schuld und Verantwortung, in: JZ 1962, S. 41 ff.

Baumann, Jürgen / *Arzt,* Gunther: Kartellrecht und allgemeines Strafrecht, in: ZHR 1970 (Bd. 134), S. 24 ff.

Baumbach. Adolf / *Hefermehl,* Wolfgang: Wettbewerbs- und Warenzeichenrecht, Bd. 1, 10. Auflage, München 1971.

Becher, Jürgen: Die Kompetenzabgrenzung zwischen der EWG-Kommission und den nationalen Kartellbehörden, Diss. Göttingen 1967.

Bergmann, Lothar: Der Begehungsort im internationalen Strafrecht Deutschlands, Englands und der Vereinigten Staaten von Amerika, Berlin 1966 (Begehungsort).

Bertel, Christian: Die Identität der Tat, Wien, New York, 1970.

Biedenkopf, Kurt: Freiheitliche Ordnung durch Kartellverbot, in: Aktuelle Grundsatzfragen des Kartellrechts, Heidelberg 1957.

Bindokat, Heinz: Zur Frage des prozessualen Tatbegriffs, in: GA 1968, S. 362 ff.

Bolenius, Jochen-Michael: Wirtschaftsstrafrechtliche Normen im Wettbewerbs- und Kartellrecht, in: Studien zum Wirtschaftsrecht, herausg. von Jürgen Baumann und Gerd Dähn, Tübingen 1972.
— Straftaten und Ordnungswidrigkeiten im Wettbewerbs- und Kartellrecht, Diss. Tübingen 1965 (Straftaten).

Bruns, Hans-Jürgen: Erlaubt die Rechtskraft des Strafbefehls die zusätzliche Verfolgung nachträglich eingetretener strafschärfender Tatfolgen?, in: JZ 1960, S. 583 ff.

Cramer, Peter: Grundbegriff des Rechts der Ordnungswidrigkeiten, Stuttgart, Berlin, Köln, Mainz 1971.

Dähn, Gerd: Das neugefaßte Wirtschaftsstrafgesetz, in: JZ 1975, S. 617 ff.

Deringer, Arved: Das Wettbewerbsrecht der Europäischen Wirtschaftsgemeinschaft, Loseblatt-Sammlung, Düsseldorf ab 1962 (WuW-Komm.).

Dreher, Eduard: Strafgesetzbuch mit Nebengesetzen und Verordnungen, 36. Auflage, München 1976.

Feige, Konrad: Der Gleichheitssatz im Recht der EWG, Tübingen 1973 (Gleichheitssatz).
Bundesverfassungsgericht — Grundrechte — Europa, in: JZ 1975, S. 476 ff.

Fikentscher, Wolfgang: Wetbewerb und gewerblicher Rechtsschutz, München, Bonn 1958 (Wettbewerb).
— Neuere Entwicklungen der Theorie zum Tatbestandsmerkmal der Wettbewerbsbeschränkung § 1 GWB, in: WuW 1961, S. 788 ff. (Entwicklungen).

Frankfurter Kommentar: s. Kaufmann, Heinz u. a.

v. Gamm, Otto-Friedrich / *v. Gamm*, Eva: Das Kartellrecht der EWG, 2. Auflage, Köln, Berlin, München, Bonn 1969.

Gemeinschaftskommentar: s. Müller-Henneberg u. a.

Gleiss, Alfred / *Hirsch*, Martin / *Hootz*, Christian: EWG-Kartellrecht, Kommentar, 2. Auflage, Heidelberg 1965.

Göhler, Erich: Ordnungswidrigkeitsgesetz, 4. Auflage, München 1974.

Goldmann, Berthold: Europäisches Handelsrecht, Karlsruhe 1973.

Harms, Wolfgang: Die Zusammenarbeit zwischen Gemeinschaftsordnung und den nationalen Rechtsordnungen auf dem Gebiet des Wettbewerbs, in: Gemeinschaftsrecht und nationale Rechte, Köln, Berlin, Bonn, München 1971.

Hassemer, Winfried: Theorie und Soziologie des Verbrechens, Frankfurt 1973 (Theorie).
— Besprechung von Amelung: Rechtsgüterschutz und Schutz der Gesellschaft, in: ZStW 87 (1975), S. 146 ff.

Hegler, August: Merkmale des Verbrechens, in: ZStW 36 (1915), S. 19 ff. u. 184 ff.

Henkel, Heinrich: Strafverfahrensrecht, 2. Auflage, Stuttgart, Berlin, Köln, Mainz 1968.

Herzberg, Rolf Dietrich: Ne bis in idem — Zur Sperrwirkung des rechtskräftigen Strafurteils, in: JuS 1972, S. 113 ff.

Honig, Richard M.: Die Einwilligung des Verletzten, Teil I, Berlin-Leipzig 1919.

Hruschka, Joachim: Der Begriff der „Tat" im Strafverfahren, in: JZ 1966, S. 700 ff.

Ipsen, Hans-Peter: Europäisches Gemeinschaftsrecht, Tübingen 1972.

Jescheck, Hans-Heinrich: Lehrbuch des Strafrechts, Allgemeiner Teil, 2. Auflage, Berlin 1972.

Johannes, Hartmut: Das Strafrecht im Bereich der Europäischen Gemeinschaften, in: EuR 1968, S. 63 ff.

— Zur Angleichung des Straf- und Strafprozeßrechtes in der Europäischen Wirtschaftsgemeinschaft, in: ZStW 83 (1971), S. 531 ff.

Kadečka, Ferdinand: Noch einige Worte über die Identität der Tat, in: Deutsche Justiz 1942, S. 210 ff.

Kaufmann, Heinz u. a.: Kommentar zum Gesetz gegen Wettbewerbsbeschränkungen. Loseblatt-Sammlung, Frankfurter Kommentar, Köln 1958 (FK).

Kern, Eduard / *Roxin:* Claus, Strafverfahrensrecht, 14. Auflage, München 1976.

Kirschstein, Friedrich: Sanktionen des EWG-Kartellrechts und des GWB gegen Kartellverträge und ihre Ausführung, in: AWD 1967, S. 209 ff.

Kleinknecht, Theodor: Strafprozeßordnung, 32. Auflage, München 1975.

Kleinknecht, Theodor / *Müller*, Hermann / *Rietberger*, Leonhard / *Sax*, Walter: Kommentar zur Strafprozeßordnung und zum Gerichtsverfassungs- und Ordnungswidrigkeitengesetz, 6. Auflage, Band 1, Darmstadt 1966 (KMR).

Lampe, Ernst-Joachim: Rechtsgut, kultureller Wert und individuelles Bedürfnis, in: Festschr. f. Welzel, 1974, S. 151 ff.

Leipziger Kommentar: Strafgesetzbuch, 9. Auflage, Berlin, New York 1974 (LK).

Löwe, Ewald / *Rosenberg*, Werner / *Dünnebier*, Hanns / *Gollwitzer*, Walter u. a.: Die Strafprozeßordnung und das Gerichtsverfassungsgesetz. Großkommentar. 23. Auflage, Berlin, New York 1976.

Lübbert, Hans-Dieter: Das Verbot abgestimmten Verhaltens im deutschen und europäischen Kartellrecht, Heidelberg 1975.

Lukes, Rudolf: Der Kartellvertrag, München und Berlin 1959.

Marx, Michael: Zur Definition des Begriffs „Rechtsgut", Köln, Berlin, Bonn, München 1972.

Mestmäcker, Ernst-Joachim: Parallele Geltung von Verbotsnormen des deutschen und des europäischen Rechts der Wettbewerbsbeschränkungen, in: BB 1968, S. 1297 ff.

— Europäisches Wettbewerbsrecht, München 1974 (LB).

Molière, Rainer: Die Rechtskraft des Bußgeldbeschlusses, Berlin 1975.

Müller, Heinz / *Giessler*, Peter u. a.: Kommentar zum Gesetz gegen Wettbewerbsbeschränkungen (Kartellgesetz), 3. Auflage, Frankfurt 1974 (Loseblatt-Sammlung, Stand März 1976).

Müller-Henneberg, Hans / *Schwartz*, Gustav (Hrsg.): Gesetz gegen Wettbewerbsbeschränkungen und europäisches Kartellrecht. Gemeinschaftskommentar, 3. Auflage, Köln, Berlin, Bonn, München 1972 (GK).

Niederleithinger, Ernst: Deutsches Kartellrecht und das Gemeinschaftsrecht, AWD 1968, S. 371 ff.

Oehler, Dietrich: Die Identität der Tat, in: Festschrift für Rosenfeld, Berlin 1949.

Oehler, Dietrich: Die Grenzen des aktiven Personalitätsprinzips im internationalen Strafrecht, in: Festschr. f. Mezger, München und Berlin 1954.

Oetker, Friedrich: Rechtsgüterschutz und Strafe, in: ZStW 17 (1897), S. 493 ff.

Otto, Harro: Rechtsgutbegriff und Deliktstatbestand, Annales Unversitatis Saraviensis, Band 61.

Pabsch, Wiegand Christian: Der strafrechtliche Schutz der überstaatlichen Hoheitsgewalt, Bonn 1965.

Parry, Anthony / *Hardy*, Stephen: EEC — Law, London, New York 1973.

Peters, Karl: Strafprozeß, 2. Auflage, Karlsruhe 1966.

Rasch, Harold / *Westrick*, Klaus: Kartell- und Monopolrecht. Kommentar zum GWB, 3. Auflage, Herne, Berlin 1966.

Reinhart, Gerd: Die kartellrechtliche Behandlung vertikaler Verträge nach Art. 85 EWG-Vertrag. AWD 1974, S. 187 ff.

Rudolphi, Hans-Joachim: Die verschiedenen Aspekte des Rechtsgutsbegriffs, in: Festschr. f. Honig, 1970, S. 151 ff.

Rudolphi, Hans-J. / *Samson*, Erich / *Horn*, Eckhard / *Schreiber*, Hans-Ludwig: Systematischer Kommentar zum Strafgesetzbuch, Band I, Allgemeiner Teil, Frankfurt 1975.

Sandberger, Georg: Die Nichtigkeit wettbewerbsbeschränkender Vereinbarungen und Beschlüsse im Recht der Europäischen Wirtschaftsgemeinschaft, Tübingen 1969.

Sax, Walter: „Tatbestand" und Rechtsgutverletzung, in: JZ 1976, S. 9 ff., 80 ff.

Schmidt, Gerhard: Schuldspruch und Rechtskraft, in: JZ 1966, S. 89 ff.

Schmidt, Eberhard: Lehrkommentar zur Strafprozeßordnung und zum Gerichtsverfassungsgesetz. 2. Auflage, Teil 1, Göttingen 1964 (LK I).

Schönborn, Christian: Alternativität der Handlungsvorgänge als Kriterium des strafprozessualen Tatbegriffs, in: MDR 1974, S. 529 ff.

Schönke, Adolf / *Schröder*, Horst / *Lenckner*, Theodor / *Cramer*, Peter / *Eser*, Albin / *Stree*, Walter: Strafgesetzbuch. Kommentar. 18. Auflage, München 1976.

Schwartz, Jvo: Das Verhältnis des einzelstaatlichen zum Bundes-Antitrustrecht, in: ZHR, Band 124 (1962), S. 254 ff.

— Deutsches Internationales Kartellrecht, 2. Auflage, Köln, Berlin, Bonn, München 1968.

Schwinge, Erich: Teleologische Begriffsbildung im Strafrecht, Bonn, 1930.

— Identität der Tat im Sinne der Strafprozeßordnung, in: ZStW Band 52 (1932), S. 203 ff.

— Identität der Tat im Sinne der Strafprozeßordnung, in: Deutsche Justiz, 1941, S. 1063 ff.

Sina, Peter: Die Dogmengeschichte des strafrechtlichen Begriffs „Rechtsgut", Basel 1962.

Steindorff, Ernst: Die Durchsetzung des Wettbewerbsrechts in der EWG, in: Aufgaben der Wettbewerbspolitik im Gemeinsamen Markt, Düsseldorf 1963, S. 47 ff.

Steindorff, Ernst: Zweckmäßigkeit im Wettbewerbsrecht, Frankfurt 1959.

Strathenwerth, Guenther: Strafrecht, Allgemeiner Teil I, Die Straftat, Köln, Berlin, Bonn, München 1971.

Tetzner, Heinrich: Kartellrecht, Ein Leitfaden, 2. Auflage, München und Berlin 1967.

Tiedemann, Klaus: Tatbestandsfunktion im Nebenstrafrecht, Tübingen 1969.

— Entwurf eines Ersten Gesetzes zur Bekämpfung der Wirtschaftskriminalität, in: ZStW 87 (1975), S. 253 ff.

Winkler, Rolf: Die Rechtsnatur der Geldbuße im Wettbewerbsrecht der Europäischen Wirtschaftsgemeinschaft, Tübingen 1971.

Printed by Libri Plureos GmbH
in Hamburg, Germany